高校生ワーキングプア

「見えない貧困」の真実

NHKスペシャル取材班著

新　潮　社　版

11341

はじめに

いま「貧困が見えにくくなっている」と言われている。

それは、どういうことなのか？

ＮＨＫでは、まだ貧困が今のように多く語られることがなかった頃から、その時代ごとの貧困の実像を捉《とら》える番組を数多く放送してきた。

最初に放送したのは２００６年。働きながらも生活保護水準以下の暮らしを強いられる人々や、働く貧困層の実態を捉えたＮＨＫスペシャル『ワーキングプア～働いても働いても豊かになれない～』（以下、『ワーキングプア』）だった。その後も、続編『ワーキングプアⅡ～努力すれば抜け出せますか～』を含め、２００７年にかけてキャンペーン報道を展開した。

年を経て２０１４年には、女性、そして次の世代の子どもたちに貧困が連鎖する実態をつまびらかにした。

若い女性やシングルマザーの現実は、同年4月のNHKスペシャル『調査報告　女性たちの貧困～〝新たな連鎖〟の衝撃～』で克明にドキュメントした。次の世代にまで貧困が連鎖する実態や、それを乗り越えようとする一つの道筋を示したのが、同年12月に放送したNHKスペシャル『子どもの未来を救え～貧困の連鎖を断ち切るために～』だった。

この時、生活に困窮する人たちにお話を伺いながら、彼らは本当に貧困なのかどうか、一見して分かりにくいと思ったことがあった。

例えば、インターネットカフェに住み続けていた姉妹は、住居がネットカフェと聞かなければ、外見からはとても貧困とは思えなかった。着ているものは今どきの若者と何ら変わらず、メイクも、つけまつげもしていた。彼女たち曰《いわ》く「百均（100円ショップ）に行けば、つけまセットも100円、リップも100円。服も古着をネットオークションで買えばいい」と話していた。

新宿の街でキャリーバッグをコロコロ転がしながら歩く漂流少女たちも同様だった。家を出てしまったために、風俗店で日銭を稼ぎ、その日に泊まる部屋を提供してくれる男を探す日常は、生活苦であるのは当然のことだ。しかし、彼女たちは、家はない代わりに、皆、唯一《ゆいいつ》のライフラインとして、スマートフォンは持っていた。それをカフェで充電しながらお茶を飲んでいる姿は、時間潰《つぶ》しをしているOLさんか学生さんのようにしか見えない。

いずれのケースも、彼女たちの生活の実態を、それこそ根掘り葉掘り聞いてみてようやく、困窮しているんだと分かる。そのせいか、周囲からあらぬ誤解を受けて苦しんでいる人たちも数多くいた。

「何が貧困だ。スマホを持っているじゃないか」

「服だってきれいにしているじゃないか」

「もっと苦しい人たちもいるのに甘えている」

国が明らかにしている「子どもの貧困率」を番組で伝える際も、「本当にそんなに貧困状態の子どもたちはいるのか？」という声がつきまとった。子どもの貧困率は、所得が一定の水準を下回り、貧困状態にあるとされる世帯で暮らす、17歳以下の子どもの割合を示すもので、厚生労働省が3年ごとに調査している。

２０１７年2月、私たちが本書の基になったNHKスペシャル『見えない〝貧困〟

〜未来を奪われる子どもたち〜』（以下、『見えない〝貧困〟』）を放送した段階では、2014年に発表された子どもの貧困率16・3％が最新のデータだった。つまり、6人に1人が相対的貧困状態にあるということになる。その後、2017年に新たに発表された子どもの貧困率は13・9％となり、12年ぶりに改善したものの、依然として7人に1人が相対的貧困状態にある。

ところが「6人に1人」、「7人に1人」と伝えても、「そんなにいるのか」という声が必ずといっていいほど聞こえてくる。つまり、世の中の人々には、そのようには見えていないということだ。もちろん、この数字は、あくまで全国民の所得の中での相対的なものであり、アフリカの国々にあるような絶対的な貧困ではない。ただ、この相対的貧困こそ、先進諸国で問題となっている現代の貧困であり、相対的とはいえ、一つの社会の中で格差が生じることこそが、そこで暮らす人々の心身に大きな影を落とすのだ。だからこそ人々は、それをみずから見えないように隠そうとする。そして、現代社会では、たとえ安価でもそれなりのものを提供できるサービスも発達し、先に記したネットカフェの姉妹や、漂流少女のように、一見すると普通、だけど実は貧困、という状況を生み出してしまう。

つまり、個人個人が貧困を覆《おお》い隠そうとするだけでなく、社会そのものが貧困を見えにくくする装置となってしまっているのだと思う。

今回、私たちは、この「見えない貧困」をどう明らかにしていくのか、それにこだわった。

これまでのように生活が困窮する人々をルポし、お涙ちょうだいで世の中に訴えていくだけでは不十分だと考えた。

その理由は「貧困なんかない」と言う人々、そういう意識を潜在的に持つ人々が社会に依然として存在しているということを前提として、相対的貧困とはこういうことだと、客観的なエビデンスで示していかなければ、社会が共有すべき問題として考えられないと思ったからだ。

だからこそ、私たちは、全国の自治体が始めた相対的貧困の調査を綿密に取材した。そして、それらの調査を分析する研究者を取材し、調査に答えた人々をルポした。

あえて言うならば、「見えない貧困」を可視化するために、客観的なエビデンスを強いてドライに積み重ねていった調査報告となっている。

データとルポによって浮き彫りになった実像は、現代の貧困の根深さを、私たちにより鋭く突きつけるものとなった。

ＮＨＫ報道局社会部副部長　板倉弘政

目次

第二章　奨学金という〝借金〟を背負って進学する高校生たち

高校生ワーキングプア

「見えない貧困」の真実

序章　働かなければ学べない

高校生が抱える悩み

少し幼さの残る女子高校生と出会った。屈託のない笑顔からは、一見、悩みなどなさそうに見える。しかし、生い立ちは凄《せい》絶《ぜつ》だ。親からネグレクト、いわゆる養育放棄され、親との同居生活に耐えられなくなり、「捨て子」同然に中学生のとき、家を出た。そして、町工場で働きながら、定時制高校で学ぶ高校生となった。しかし、その町工場は、悲惨なブラック企業だった。工場の社長は、

「どうせ親がいないから、文句を言わないだろう」

と、弱い立場の少女の足元を見て、給与は、ゼロに近い、不当に安い金額だった。「寮費がかかる」を理由に手渡すのは、毎月1万4千円だけ。貯金もできず、工場から逃げ出すこともできないお金しか与えなかったのだ。

それでも少女は、だれにも文句も言わずに働き、高校へ通い続けた。だが、その高校の教諭が「勤め先の状況がおかしい」と気づき、少女は、ようやく工場から別のアルバイト先に移ることができた。タダ同然で少女を働かせていた工場の社長は「逃が

さないように」と、少女を常に厳しく監視していた。そのため、少女は深夜、こっそり夜逃げ同然でようやく逃げ出したという。

しかし、アパートに移ってからも、アルバイトだけで生活していくのは厳しい現実に直面している。それでも親元に戻りたくない少女は、必死でアルバイトをして、食べることも節約しながら、ようやく学校へ通っている。

母親がガンで闘病しているという男子高校生は、自宅で母親を介助しながら、家計を支えるためにアルバイトをする忙しい日々を送っていた。

2人の弟の面倒も見ながら、ラーメン店でアルバイトしている彼は、ぱっと見た目には、明るくてやんちゃな、どこにでもいる男の子だ。しかし、彼の一日のタイムスケジュールを聞くと、それを続けたら身体《からだ》を壊すのではないかと、本気で心配になるほどの過密スケジュールだった。

早朝6時前に起きると、朝食を作って、弟たちに食べさせる。そして、掃除や洗濯など朝の家事を終えると、休む間もなく家を出発。朝9時半からラーメン店でアルバイトして、夕方4時まで働く。6時間半のアルバイトを終えると、いったん家へ帰って、母親の介助をする。介助は、慣れないために時間がかかり、

「定時制高校の1時間目の授業にいつも遅刻してしまう」

とこぼしていた。高校の授業を終えて、家へ帰るのは夜10時過ぎ。そこから洗濯物をたたんだり、洗い物をするなどの残りの家事が待っている——。


今、家計を支えるために働かざるを得ない子どもたちが増えている。働かなければ、学べない——それどころか、食べていくこともできない子どもたちが増えているのだ。こう書くと、

「生活保護があるじゃないか」

と思う人は少なくないだろう。しかし、生活保護の手続きをする親が、それを拒んだり、できなかったりすれば、子どもたちは追い詰められる。結果、自分や家族を守るために、働くしかなくなる。高校生にアルバイトの理由をたずねると、大半が「家計のため」と答える時代を迎えているのだ。


本書の土台になったのは、「はじめに」でも述べたようにNHKスペシャル『見えない〝貧困〟』だが、同じチームで取材し、番組に盛りこみきれなかった取材の成果でもう1本作った番組がある。それが、2017年4月に放送された『目撃!にっぽん』の「高校生ワーキングプア」だ。

番組のターゲットを「高校生ワーキングプア」にしたいと思ったのは、現場を取材したディレクターから衝撃の報告を聞いたことがきっかけだった。

ディレクターたちが「高校生ワーキングプア」と出会ったのは、2016年3月。首都圏の高校生たちが自ら実行委員会を立ち上げ、「お金がないと学校へ行けないの?」をテーマにデモ行進をする打ち合わせの場だった。

集まったのは、20人余りの高校生。その打ち合わせに同席させてもらい、話を聞くことができたのだが、冒頭で紹介した2人はもちろん、それ以外の高校生たちから聞いた話は、私たちの想像をはるかに超えていた。誰もが厳しい現実を背負っていて、その衝撃に打ちのめされたのである。

参加していた高校生たちは、明るく、礼儀正しく、まじめで、「将来、日本の社会を背負ってくれるだろう」と頼もしく思える生徒ばかりだった。しかし、個別に家庭の事情を詳しく聞くと、彼らが働いて得るアルバイト代がなければ、家族が総崩れするような、深刻な困窮状態に陥っていた。

ファストファッションでお金をかけずに上手に洋服を着こなす彼らは、働かなければ学ぶことができないという、深刻な状況にあるとはとても思えない。見た目だけでは分からない、つまり「見えない貧困」がそこにあった。

しかも、浪費癖のある父親や、働こうとしない兄がいるなど、それぞれが生活保護を受けられない事情を抱えていた。彼らの収入が途絶えれば、即、学校へ通えなくなり、進学も断念せざるを得なくなり、家族の生活も窮地に陥ってしまう――高校生ワーキングプアたちは、あまりにも重い荷物を背負わされていた。

高校生たちは、予定通り都心でデモ行進を行った。顔を隠そうとせず、堂々としていたことに驚いた。顔や名前を隠さずに貧困を訴える活動をすると、バッシングに遭うだろうと思ったからである。

「高そうな洋服を着ている」

「パソコンやスマホを所持している」

そうした、「貧困」には当たらない、ややもすれば贅沢《ぜいたく》に見える部分を探し出し、「だから貧困とは言えない」とインターネット上で批難をあびせ、炎上騒動を引き起こすケースが後を絶たない。

しかし、一見、生活に困っているようには全く見えない高校生たちが、実はアルバイトをして、親の収入だけでは足りない家計を支えている実態は確実に広がっている。

高校生たちが、働かなければ学ぶことさえ難しい窮状にあるにもかかわらず、外見上「貧困ではない（見えない）」という理由でバッシングを受けるとすれば、それは、

「見えない貧困」への無理解ではないだろうか。

『ワーキングプア』から10年

「はじめに」でも触れているが、私たち取材班が、朝から晩までフルタイムで働いても、生活保護水準以下の収入しか得られない「ワーキングプア」の実態を伝える番組（NHKスペシャル『ワーキングプア』）を制作したのは、2006年。今から10年以上前に遡《さかのぼ》る。

番組の中では、「ワーキングプア」の概念を、憲法25条で保障されている最低限度の生活水準（＝生活保護水準）以下の収入しか得られていない人たちと位置付けた。プア＝貧困の水準について、明確な物差しがなかったため、憲法で保障されている「最低限度の生活」の水準よりも収入が下回る世帯として、急増する「ワーキングプア世帯」の全容を把握しようとしたのだ。

当時、都市で働く若者を襲ったのは、非正規雇用の広がりだった。

2004年、製造業に派遣労働が制度的に認められ、低収入で不安定な仕事に従事せざるを得ない労働者の割合が急激に増加した。当時、自動車関連産業など、好景気に沸く製造業分野で非正規労働者が急増し、雇用全体の3割を超えたことは衝撃だった。

同時に派遣労働者は、企業の「寮」――といってもアパートや団地を寮にするケースがほとんどだった――で暮らし、貯金もできず、技能も身につかないため、昇給もないまま年齢を重ねていく。余裕がないため、結婚もできず、社会との接点も薄く、年齢を重ねるほど、転職も難しい状況に追い詰められていった。

一方で、地方を襲ったのは、グローバル化の荒波だ。

貿易で安い農産物や酪農品などが輸入されたことで、地方は疲弊していた。ワーキングプア問題が顕在化し始めた2004年、日本の主食であるコメ取引が自由化された。コメの価格は、暴落し、コメ農家たちが赤字に追い込まれた。

日本のコメ農家は、兼業で続けてきた零細農家が多い。東北や北陸など、米所の農家の多くは、冬は建設現場で出稼ぎをして、春から農家としてコメを栽培して、生計を立ててきた。それがコメ価格の暴落によって、種籾《たねもみ》や肥料、農薬などの支払いを求められると、赤字に陥るのは時間の問題だった。赤字を埋めるための出稼ぎも、厳しさを増した。結果、農村には、高齢の農家だけが残り、若者たちは都会へ仕事を求めて出て行った。

農村に残った高齢者たちは「自分たちの代までは」と田んぼを守ることにこだわり、年金で赤字を埋めて、労働力は持ち出しでコメを作ってきた。

しかし、そうした状況が続いた結果、農村では離農、すなわち農家を廃業する動きが止まらず、田んぼに「売り地」の看板が立ち並ぶ寂しい光景が広がっている。

人が去り、田んぼが荒れ果てた「里」では、イノシシや狸《たぬき》たちが我が物顔で暮らしている。コメ農家の崩壊は、「里」の崩壊を招き、それは日本人の心の土台ともなってきた「コメ文化」の消失にもつながりつつある。

農村で守り継いできた「祭り」などの伝統行事は途絶え、跡継ぎがない神社がつぶれ、もはや地方は後戻りのできないところまで崩壊している。

今、各地の自治体は、空き家を安く提供するなど、Uターン、Iターンを希望する若い世代を呼び込もうと、あの手この手で対策に乗り出している。かつて都会に出て行った地方出身の若者の中には、都会生活に疲れ、地方に戻る人も出始めているが、それだけで地方が一気に活気を取り戻すことは難しい状況にある。

都会に働きに出た若者たちも、地方に残った一次産業に従事してきた高齢者たちも、経済的に追い詰められ、ワーキングプア化していった。NHKスペシャル『ワーキングプア』放送から7年後の2013年には、とうとう家計貯蓄率が一時、マイナスを記録するようになった。

これは「収入だけでは足りず、貯金を取り崩して暮らす人や、預貯金をする余裕のない世帯が増えている」ことを意味する。かつて先進国でナンバーワンの家計貯蓄率だった日本が「貯蓄率マイナスに転じた」というニュースは、明らかな異常事態を告げていた。

そして、『ワーキングプア』から10年——。

この10年間で大きく変化してきたことのひとつが、「ワーキングプアの多重化」である。日本の格差社会は、多重格差社会へと変化していたと言えるだろう。働き手が不足する日本社会。安価な単純労働力として、ワーキングプア層の最底辺で、新たな層を形作っていたのが「高齢者ワーキングプア」だった。

その背景には、一人暮らしの高齢者が急増し、一人分の年金収入で家計が維持できなくなった高齢者が、生活のために働かざるを得ない状況に追い詰められている実態がある。さらに、医療や介護の負担増は、老後の不安を大きくしており、「少しでも貯蓄しておきたい」と、元気なうちは働く高齢者が急増している。

しかし、大企業が正社員の雇用延長などを始めた一方、非正規雇用の労働市場は、高齢になればなるほど、厳しくなっている。シルバー人材センターには、時給が最低賃金と同額のアルバイトやパートの求人があふれている。「清掃」や「警備員」など、肉体労働が多く、若者でも厳しいと思える仕事に高齢者が列をなしている実態を見ると――もちろん元気な高齢者が希望して、働いていること自体は悪いことではないが――高齢者の雇用環境を早急に見直していく必要があるのではないかと感じてしまう。

次に、多重化したワーキングプア層を占めているのが、100万人を超えて増え続ける外国人労働者である。100万人超――この数字には、実は「労働者」ではない「働き手」も含まれる。それは、「留学生」と「技能実習生」だ。

移民を受け入れない日本では、外国人の労働力を増やそうにも、「定住労働者」として増やすことはむずかしい。そのため、「留学生」のアルバイトや日本の技術などを学びにくる「技能実習生」といった形で、外国人の労働者を受け入れている。コンビニエンスストアやファーストフード、居酒屋など、サービス業全般で目にするようになった外国人アルバイターは、「学ぶ」目的で来日したはずの外国人。しかし、ネパールやベトナムなど、給与が低い国からは、就労が目的の留学生や実習生たちが大挙して押し寄せている。

彼らは「安い時給」で、「期限付きの労働力」として、深刻な人材不足に陥る日本社会で、貴重な戦力になりつつあるのだ。

そして、多重化したワーキングプアの中でもっとも問題視すべきであり、今回の取材の中心となったのが「高校生（子ども）」だった。

子どもの貧困が本格化している

わが国では、経済的にゆとりのない家庭で育つ子どもが増えている。ＮＨＫスペシャル『見えない〝貧困〟』の取材当時、厚生労働省が発表した日本の子どもの貧困率は、16・3％に上っていた（２０１２年「国民生活基礎調査」）。

これは、日本の子どものおよそ６人に１人、３００万人以上が貧困状態にあることを意味する数字だ。放送後、２０１５年の「国民生活基礎調査」に基づく子どもの相対的貧困率が発表され、13・9％に改善したが、それでも子どもの７人に１人が相対的貧困状態におかれているという、先進各国と比較しても深刻な数字であることに変わりはない。

「子どもの貧困率」とは、「相対的貧困」状態の家庭で暮らす子どもの割合を指す。貧困の度合いを示す言葉として、「相対的貧困」に対して、「絶対的貧困」がある。これは人間が生きるために最低限必要な食料や生活必需品を購入できない状態を言う。

現在、世界銀行の定義では、一日1・90ドル未満、日本円でおよそ200円未満で生活している人を指す。対して「相対的貧困」は、「世の中の標準的な所得の半分未満で生活している状態」であり、相対的貧困率を見れば、所得格差がどれほど大きいのか、知ることができる。

さらに言い換えれば「相対的貧困」とは、その社会において当たり前とされる生活をするのが困難な生活水準に置かれた状態だと言うこともできる。子どもの生活にたとえれば、友達と遊んだり、学校に行ったり、家族と休日に出かけたりといった、ごく当たり前のことができていない状態だということだ。

「相対的貧困」家庭の年収がどのぐらいかといえば、単身世帯では年収122万円以下、2人世帯では173万円以下、3人世帯だと211万円以下、4人世帯だと244万円以下。月収に換算すると、4人世帯の場合は、手取りの収入が月に約20万円を下回ると、相対的貧困だといえる。

日本の子どもが危ない

日本の子どもの相対的貧困率は、先進国の中でも、きわめて深刻な水準にあるのをご存知だろうか。

２０１４年ごろのデータを用いて、先進国間の子どもの貧困率の比較を行っているユニセフ・イノチェンティ研究所の「レポートカード14」によると、日本の子どもの貧困格差は41ヶ国中、10番目の高さとなっている。つまり、国際的に見ても、日本社会における格差拡大は深刻な数値であるといえるだろう。

特に深刻なのが、ひとり親世帯の貧困率だ。厚生労働省によると、日本のひとり親世帯の貧困率は、50．８％（２０１６年「国民生活基礎調査」）。つまり、半数以上が貧困状態にあることを示している。これは世界で類を見ない深刻な数値だ。

ＯＥＣＤ（経済協力開発機構）がまとめたレポートによると、日本のひとり親世帯の貧困率は、ＯＥＣＤに加盟する33ヶ国のうち、最も高い、ワースト１位ということになる（２０１４年・Ｆａｍｉｌｙ　Ｄａｔａｂａｓｅ「Ｃｈｉｌｄ　Ｐｏｖｅｒｔｙ」）。

さらに「子どもの貧困」を考えるとき、問題なのは、「貧困」という言葉から発想するイメージが、人によって違うため、議論が噛《か》み合わなかったり、インターネットでは炎上したりしてしまうことだ。例えば、

「雨風をしのげる家があれば、貧困ではない」

「終戦直後の方が、食べ物も着る物もなく厳しい生活だった。あの頃に比べたら今の子どもたちは貧困ではない」

いわゆる〝貧困バッシング〟である。

こうした行き違いや混乱は「貧困」が何を指すのか、具体的な物差しに個人差があるためだが、そもそも、これまで「貧困とは何か」ということを、政府や役所、学会などが明確に定義してこなかったことも大きな原因だろう。

「満足に食事もできない」というイメージを想起する人もいれば、「定職に就けず、収入が少ない」という家庭を思い描く人もいるだろう。憲法が保障する生活水準、すなわち「生活保護」の基準に照らして考える人もいる。しかし収入面だけで、「貧困」を推し量ることができるだろうか。

収入が少なくても、上手《うま》く節約しながら自立生活を送っている家族は、外見上、「相対的貧困」には見えない。そのうえ、高校生のアルバイト収入が家計を支えていれば、より貧困は覆《おお》い隠されてしまう――確かに、私たちが出会った高校生たちは、安価なものを上手く取り入れて外見を装《よそお》い、親を助けながら働き、学校では笑顔をたやさず、アルバイト先では欠かせない戦力として日々、奮闘していた。

学ぶことが本業の高校生たちが、働かなければならない現実――高校生ワーキングプアの「見えない貧困」を知ったことで、「貧困の可視化」を目指す取材のスタート地点に立つことになった。

「高校生」が分水嶺《ぶんすいれい》になる理由

朝から晩まで額に汗して働いても、生活保護水準以下の収入しか得られない困窮層が都会だけでなく、地方でも急激に増えていった反面、格差社会の上流に位置する人、つまり億万長者たちは、増えた富を株式投資などで倍増させ、格差をさらに拡大させていった。

その差が広がれば広がるほど、逆転する希望は失われていった。子どもへの教育にも十分にお金をかけられる富裕層は、ますます富を蓄え、上流層の固定化も起き始めている。

一方、子どもが働いて家計を支えていても、経済的に苦しい生活困窮層は、教育などに十分なお金をかけられず、貧困が固定化しつつある。つまりワーキングプアの子どもは、やはりワーキングプアになってしまう連鎖から逃れられず、下流層の固定化も同時に起きている。

こうした中、非正規労働者が増え続け、雇用者の4割に達した。それと同時に、中間層の崩壊が始まり、今では年収300万円未満の世帯割合が、33・3%、つまり「3家族のうち1家族」は、300万円未満で暮らしている。

300万円という水準は、両親と子ども1~2人の世帯では、生活保護水準をギリギリ上回るため生活保護を受けられない。しかし、子どもの受験期や、家族の病気で医療費がかさむなど、何らかの負担が加われば、一気に破産に追い込まれかねないリスクのある状態だといえる。こうした困窮世帯が増えているにもかかわらず、教育費は上がり続け、子育て世代の生活が圧迫されてきたのだ。

国の調査では、児童のいる世帯の30%が「生活が大変苦しい」と回答、「やや苦しい」も合わせると、63・5%が「生活が苦しい」と訴えている（2017年「国民生活基礎調査」）。

とりわけ義務教育から高等教育へ移行する時期、つまり高校へ進学するとき、家計はさらに苦しくなりがちだ。国の調査では、高校生の半数がアルバイトを経験するようになっていて、もはや、「高校生のアルバイト」は、家計のためになくてはならないものになりつつある。

この本を執筆している2017年秋、選挙で「子どもや若者への社会保障の充実」

を訴えた自民党が圧勝し、第四次安倍内閣が発足した。高校生が大学へ進学するための支援として給付型奨学金の拡充を掲げているだけでなく、子育て世代を支援しようと保育の無償化なども検討されている。

しかし、住民税の非課税世帯に対象が限られるなど支援は限定的で、それだけで解決できるのか、今後、見極めていく必要がある。そもそも、子どもの格差が広がっていることこそ深刻な問題で、その格差を解消するための抜本的な改革を進めていくべきではないだろうか。

「いつまでも中流だと思いたい」団塊ジュニアの悲哀

1億総中流といわれた、昭和の激動期を支えてきた団塊世代が高齢者となった。そして、その子どもたち、「団塊ジュニア世代」が親となり、子どもをもつようになっている。

団塊ジュニアは、サラリーマン家庭に育ち、中流層がほとんどを占め、子ども時代は何ら不自由なく暮らしてきた。そのせいだろうか。現状では、生活困窮層が大幅に増えているにもかかわらず、意識の面では「自分は中流だ」と思い込んでいる人が大きな割合を占める。

内閣府の世論調査では、9割以上が「自分は中間層だ」としている（2016年「国民生活に関する世論調査」）。同じ調査で自分は「下」に属すると答えた人はわずか5％にとどまっており、自分が「生活困窮層にあたる」あるいは「生活保護水準以下の収入しかない」ということを直視せずに、かつて中流であった幻想にしがみついているのではないか、と指摘する専門家もいる。

しかし、いずれにしても、「下流だ」という自覚がなければ、必要な支援を受けるなどの、貧困を断ち切るための行動につながりにくいことは想像に難くない。そうした親たちが「必死に働いて家計を切り盛りする」ということになると、子どもたちが、「自分たちも親を支え、家計を守りたい」と思うのは当たり前のことだ。

高校生がアルバイトをすることで家計を支える「高校生ワーキングプア」は、こうして構造的に生み出されてきた。

『ワーキングプア』放送から10年余り経《た》って、私たち取材班が、再び貧困問題と正面から向き合うことにしたのは、こうして高校生までもが働かなければ、家計を維持できない状況、すなわち「高校生ワーキングプア」の現実にたどり着いたからだった。

私たちがまず問題視したのは、「高校生ワーキングプア」は、社会では「労働者＝働くことが期待されている」層ではなく、「学ぶことが本業」の子どもたちだ、という点だ。

本来は働くことよりも、学ぶことを優先すべき子どもが、安い時給で酷使される社会。「ブラックアルバイト」という言葉が流布《るふ》したのも、ここ数年のこと。高校生たちが、学ぶことを犠牲にしながら働き、家計を支えなければならないほどの現実――それこそ問題にすべきだと考えたのだ。

「アルバイトをしなければ、高校に通えない」

「私のアルバイト代がなければ、親の収入だけでは食べていけない」

といった高校生たちの声を集めると、自分のおこづかいの足しにするため、ではなく、家計を支えるために働いている実態が見えてきた。こうした高校生ワーキングプアの現実に迫り、克服するために何が必要なのか、10年目の課題としてそれを掲げたいと考えたのだ。

高校生ワーキングプアにとって皮肉だったのは、いくら働く高校生が増えても、就労先に困ることはないことだった。人手不足のサービス業界、レストラン、居酒屋、ファーストフードなどは高校生の手を欲していた。労働市場に歓迎され、むしろ貴重な戦力として組み込まれていった高校生たちは、やがて欠かせない労働者となり、新たなワーキングプア層として固定化しつつある。

そんな高校生たちが直面したのは、高校に通うことよりアルバイトに通うことを優先しなければならない厳しい現実だった。そして、家族を守るため、自らを犠牲にしながら働く高校生たちは、学校でもアルバイト先でも、ＳＯＳを発することはなかった。

しかし――高校生たちは「知って欲しい」「見て欲しい」と心の奥底で思っていた。だからこそ、私たちに、ありのままの姿を見せてくれた――私たちは、そのような高校生たちと出会い、見えない貧困とは何か、知ることになった。

第一章　家計のために働く高校生たち

「働くのは当たり前」

高校生ワーキングプアの取材で出会った生徒たちは、そのほとんどが「家族のため」に働いている。自分の進学費用のため、と答えた生徒でも、よくよく聞いてみると、

「親にこれ以上負担をかけたくない」

など、家族への思いが彼らを支えていることが分かる。

「守りたい人がいれば強くなれる」と言うが、働く高校生の取材で実感したのも、そのことだった。決して後ろ向きに生きているのではない。愛する家族のために、当たり前に働いている——だからこそ、問題は根深いとも言えるのではないだろうか。

「家族のために強くなりたい」

そう話していた女子高生との出会いは、私たちに、子どもの貧困を支援する難しさを突きつけた。

そして今も、その女子高生と家族をどう支えることができたのか、考え続けている。それは答えのない問いかもしれない。しかし、その現実を伝えることで「見えない貧

困」が、見えないからこそ深刻な問題だということを分かって欲しい。そして見えない理由を知った上で、解決への方策を考えていく必要があるのではないだろうか。

大黒柱になった女子高生

午後5時、神奈川県のJR戸塚駅前には家に帰るサラリーマンや学生たちの姿がちらほらと増え始める。駅前にある海鮮居酒屋がオープンの準備を始めるのもこの時間だ。高校3年生の優子さん(仮名)が、学校帰りの制服姿のまま店に駆け込んできた。優子さんは、居酒屋らしい和装の制服に着替えると、長い髪の毛をお団子に結んで、きりっとした表情で店のフロアに出る扉を開けた。

「おはようございます！　今日もよろしくお願いします」

店長が優子さんの姿を見て、声をかけてくる。

「今日もヨロシクな」

高校2年生の時に始めたアルバイトは2年目。入れ替わりの激しいアルバイトの中で、優子さんは古株で頼りにされていた。7時を過ぎるとサラリーマンや家族連れで混み合ってくる。優子さんは、慣れた様子でオーダーをとり、ビールのジョッキを5

つも同時に運び、「いらっしゃいませー」と声を張り上げる。

時には厨房《ちゅうぼう》の手伝いもこなしながら、この日も大活躍の働きぶりだった。そして、10時まで働くと、店長のねぎらいの言葉を背中で聞きながら、店を後にした。

「明日もよろしく。お疲れ様!」

優子さんは、学校の疲れもあってクタクタだった。勉強が好きな優子さんは、学校生活に支障が出るほど働きたいとは当初、思っていなかった。それでも彼女が働かなくてはならない理由——それは、大切な家族を守るためだった。

初めて優子さんと出会ったのは2016年6月。10年近く前に放送したNHKスペシャル『ワーキングプア』の続編を制作しようと取材をしている時だった。

私たちがワーキングプアの実態を伝えた2006年当時、「朝から晩までフルタイムで働いても生活保護水準以下の収入しかない」という人が増え続け、深刻な問題になっていた。その後、リーマンショックなどで、さらに雇用状況が悪化し、ワーキングプアは増加の一途をたどっていた。

その後、景気はいったん上向きになったが、それでもワーキングプアが減るような兆《きざ》しは見えていない。そうした中、着目したのは「高校生のブラックアルバイト」

を訴える声だった。

労働者として最も弱い立場にある高校生が〝ブラックな働き方〟を強いられていること自体、大問題だ。そして、それ以上に問題だと感じたのが、ブラックな働き方を強いられてもなお、アルバイトを辞められない高校生たちの厳しい生活環境だった。

幸い、優子さんのアルバイト先は、学業との両立を応援してくれる優しい店長や仲間たちに恵まれている。しかし、それでも高校生活とアルバイトの両立は大変な苦労を伴うことが優子さんの日常を通じて明らかになってきた。

彼女が働く理由

優子さんを初めて取材したのは、駅前のコーヒーショップだった。

最初の待ち合わせにコーヒーショップを選んだのは、女子高生と二人きりになるのが恥ずかしいこともあった。なにしろ取材を担当したディレクターは40代のオジサン……女子高生と向かい合っている様子を他の客はどう見るだろう、などという心配もあったりした。そわそわしながら到着を待つディレクターの前に現れたのは、はちきれんばかりに元気な女の子。笑顔がチャーミングでハキハキと物怖《ものお》じせずに話す優子さんは、一緒にいるだけで明るい気持ちになれる女性だった。
影がなく、明るく快活に話す姿には、「貧困」とか「ワーキングプア」という言葉は全く似つかわしくない。しかし、優子さんが取材班に話してくれた事実は、そのどれもが深刻だった。家族は、彼女のアルバイト代がなければ生計が維持できない状況が続いていたのだ。

幼い妹や弟の児童扶養手当をもらっていても、家計は火の車。電気やガスも節約して、それでも食費に困ることさえある生活だった。

どうして優子さんの家族が救われないのか――憤《いきどお》りに近い疑問を持ちながら、取材を続けた。彼女の住まいを訪ねることになったのは、出会ってからちょうど2ヶ月後、8月の暑い日だった。

普段、日中は働いて不在にしているという優子さんの母親が、娘が取材を受けていることを不安に思ったのか、仕事を休んで家で迎え入れてくれた。まだ30代だという母親は、昼間はスーパーマーケット、夜はスナックで、掛け持ちで働きながら子どもを育てるシングルマザーだった。

優子さんが高校に進学した後、両親は離婚した。優子さんと妹、弟は母親に引き取られた。突然、シングルマザーとなって3人の子どもを背負った母親は必死で働き始めた。そんな母親に、高校に入ってから高くなった授業料を払ってもらうだけでも申し訳なく感じた優子さんは、おこづかいが欲しいとは言えなくなった。

家にほとんどいないほど、働き詰めの毎日を送る母親の姿を見続けた優子さんは、自分に何かできることはないのか、母親を助ける方法はないのか、自問自答した。そして出した結論が「アルバイトで家計を助ける」ことだった。

「家事も家計もお母さんに任せるのは申し訳ないと思ったんです。朝から夜まで働いてくれているのに、自分も何かできないかとずっと思っていたので、高校生になってアルバイトできると知って、始めたんです。お母さんに負担かけたくない、自分で何とかしたいっていう思いでした」

働く高校生となった優子さんは、その日から超多忙な毎日を送ることになった。

「高校生ワーキングプア」のリアルな一日

アルバイトを始める決心をした優子さんは、さらに、ダブルワークで家を留守がちにしている母親に代わって家事をこなし、妹や弟の面倒も見るようになった。

「私、とても忙しいんですよ。朝5時に起きて、深夜1時に眠るまで、ずっと忙しいです」

早朝から深夜まで忙しい高校生の日常とは、どういう生活なのか、優子さんの一日に密着させてもらうことにした。優子さんは、「朝早く来てもらうのは申し訳ないぐらい」と言いながら、取材を了承してくれた。


一日密着ロケは、2017年1月、寒い冬のある朝、始まった。

私たちは、前夜から近所に泊まり込み、優子さんが起床する朝5時少し前に自宅を訪ねた。到着すると、彼女はすでに起きて着替えを済ませ、洗濯に取りかかろうとしていた。

「学校に行く前に洗濯して、学校から帰ってアルバイトに行く前にもう一度、洗濯して、深夜、洗濯物をたたむんです」

洗濯が終わると、妹と弟のための朝食作りにとりかかる。その合間に掃除機をかけたり、部屋を片付けたりと、クルクルと働き続けている。

朝ご飯ができあがり、7時前になると妹と弟を起こしに行く。まだ幼い2人は、なかなか布団《ふとん》から起き上がろうとしない。ついに優子さんは妹を抱っこして、食卓の椅《い》子《す》まで連れてきて、ようやく朝食の席に座らせた。

妹も弟も、アルバイトで忙しい姉と触れあう朝のわずかな時間、思いっきり甘えている様子だ。目一杯、駄々をこねて、忙しい姉を困らせていた。

「朝ご飯食べてよ」

優子さんは、2人に声をかけた。

「飲み物どっち？　水にする？　牛乳にする？」

食卓にはトーストと卵料理。ホカホカ湯気があがって美味《おい》しそうだ。ところが――。

「イヤだ、いらない」

弟の慶くん（仮名）は、ついにハンストを始めてしまった。優子さんは、そんな弟とのやりとりさえ楽しむかのように、朝食を食べさせる。ようやく食べ終わると、

「ほら、口開けて」

弟の慶くんには、抱っこしながら歯磨きまで、大サービスだ。

「歯磨き粉、辛い？　我慢だよ」

弟の次は妹の番。華子ちゃん（仮名）には、髪の毛を結ってあげるのが日課だ。その間、華子ちゃんは、弟に負けずにお姉ちゃんに憎まれ口をたたき続ける。この朝、一緒に出かける約束がかなえられないと知った華子ちゃん――。

「髪の毛伸びたね。今日、一緒に切りに行くはずだったんだけど、またバイト。ごめ

んね」

「無理だったら、誘わないでよ」

そんな2人を小学校へ送り出し、そこから朝食の片付けなど、残りの家事をこなし、優子さんが登校するのは9時過ぎだ。起きてから4時間、忙しい朝が終わって、ようやく学校生活が始まる。


優子さんは、学校の勉強も手を抜かず、教師も太鼓判を押す優秀な生徒だ。授業中はどれだけ疲れていても、集中して勉強に取り組んでいる。午前中の授業が終わると、昼食の時間がわずかな休息の時間でもある。


優子さんの高校はお弁当を持参することになっているが、彼女は朝、時間がないのと、お弁当は材料代がかかることもあって、昼食は予算100円以内で買って済ませることにしている。私たちが密着していたこの日の昼食は、パンの耳を揚げて砂糖をまぶしたお菓子。一袋70円だから安上がりなの、と見せてくれた。

「これでお腹《なか》一杯になれば、節約できるから」

弁当の費用も時間も節約したいとはいえ、パンの耳だけでは物足りないのではないかと聞いてみると、

「友達が見るに見かねてお弁当を分けてくれることもあるんだ」

と笑いながら教えてくれた。そして午後の授業が終わると、夕方4時過ぎ、校門から優子さんが出てきた。すぐにアルバイト先に向かって歩き始める。「大変だね」と言うと、この日は家に寄らなくてもいいから楽だと、答えてくれた。

「朝の家事が終わっていない時は、家に寄らなければならないから、もっと忙しいんだけど、今日は余裕があるほうです」

そして5時。アルバイトが始まる。見ているだけで疲れる生活だ。

夕方6時過ぎ、留守宅にいる妹、華子ちゃんと弟の慶くんが姉がいない夜、どう過ごしているのかが気になって、家を訪ねてみた。華子ちゃんは、台所で2人分の夕食作りに取りかかっていた。朝は、お姉ちゃんにブツクサと文句を言っていたが、実に楽しそうに料理を作っている。

「華子ちゃん、今、お姉ちゃんアルバイトしていたよ。見てきたよ」

と報告すると、少し嬉《うれ》しそうに、はにかんだ表情を見せた。

「お姉ちゃん、頑張ってるから。私も頑張る」

自慢のお姉ちゃん

密着取材をして、分かったことがある。いつもワガママを言って困らせている妹の華子ちゃんと弟の慶くんだが、実はお姉ちゃんが大好きだということだ。

留守宅では、華子ちゃんが夕食の準備をするそばで、慶くんは、大人しくじっと待っていた。駄々をこねることもなく、お姉ちゃんがいるとケンカばかりの2人が、まるで別人のようだ。

チャーハンの材料を中華鍋《なべ》に入れると、華子ちゃんが勢いよく炒《いた》め始めた。しばらくすると、大きく中華鍋を振り、ご飯がそのたびに宙を舞う。小学生とは思えない腕前に驚いていると、最近、料理が楽しいと話してくれた。

「ネットでレシピを見つけて、もっと手の込んだものも作れるようになってきた」

弟の慶くんも、華子ちゃんの料理の腕前は認めているようだ。

「華子のほうが、お姉ちゃんより美味しいよ」

今ではすっかり、料理が好きになった華子ちゃんは、優子さんがアルバイトで留守がちになった当初は、お手伝いをすることがイヤだったそうだ。しかし、ある出来事がきっかけで心を入れ替えてお手伝いするようになったという。
それは、お姉ちゃんの交通事故だった。

事故に遭う

優子さんがアルバイトを始めて1年が経《た》つ頃――私たちと出会う半年ほど前――思いがけないことが起きた。ガードレールのない道を歩いていて、交通事故に遭ったのだ。優子さんは救急車で運ばれ、そのまま入院。右足の半月板に裂傷を負い、膝《ひざ》から下が動かせなくなるほどの重傷だった。手術のあと、人工呼吸器を付けて病室に戻ってきた優子さんの痛々しい姿に家族は言葉を失った。

妹の華子ちゃん、弟の慶くんにとっては、常に笑顔で励ましてくれるお姉ちゃんは、いつも強くて、2人を守ってくれる存在。だからこそ、頼ってばかりいた。そのお姉ちゃんが、動けずに横たわっている――。

華子ちゃんは、その姿を見た時のショックが忘れられないという。

「お姉ちゃん、足のケガをして入院して手術したんだ。すごい痛そうで、なんか人工呼吸の器具とか口に付けているのを見た時には、泣きそうになった。そんな姿見たくないから、お見舞いに行きたいのに、行かないって言って。一回だけしか行かなかった。お姉ちゃんが私に嫌われているって思ったらどうしようって思ったんだけど」

母親は忙しい合間をぬって、毎日時間を作って優子さんの病室に顔を出した。優子さんが、このままではお母さんが身体《からだ》を壊すから、と断っても通い続けた。そのたびに華子ちゃんを誘ったが、華子ちゃんはそれでも行かなかった。

「お姉ちゃんが痛そうで、苦しそうで、見ているのも辛《つら》くて。そしたらお見舞いに行くのが辛くなって。お母さんに『行くよ』って言われても、お姉ちゃんの辛い姿を見たくなくて」

結局、退院するまでお見舞いに行こうとしなかった華子ちゃんは、手術が終わった時、強がって見せたお姉ちゃんの笑顔が一番辛かったと話してくれた。

「行きたいのに、行かなかったのは、お姉ちゃん、私が行くと、強がるから。強がって痛くても笑うから。大丈夫だって強がって……」

華子ちゃんは一瞬、言葉を詰まらせた後、話し続けた。

「だから、ちょっとでも支えられるように。ちょっとでもお姉ちゃんを支えられるように」

自分でもできることはやろう。そう思った瞬間だったという。

お姉ちゃんにいかに助けられていたのか、お姉ちゃんがケガをして初めてその大きさに気づいた華子ちゃん——こらえていた涙があふれ出た。

「もうすごい、良いお姉ちゃんだなって思って。日々、感謝しながら生きてます。やっぱり私のお姉ちゃんだな、お姉ちゃんらしいことしてるな、見習わなきゃって」

それ以来、優子さんのためにも、お手伝いをしよう、そう決めたのだと話してくれた。優子さんが家族を守ってくれるなら、自分もできることをしよう、そう話す華子ちゃんの言葉はこの家族にはどんな困難も乗り越える力があることを教えてくれた。

「私はまだ小学生だし、お姉ちゃんはすごい。色んなことをしているのに、私ができているかなって思ったんです。いつもお姉ちゃんが家のことも全部やってて、お母さんは仕事で。だから次は私だなって。お姉ちゃんには感謝していて、日々、感謝していて、今、お姉ちゃんに言いたいことは……」

少しの間があった。振り絞るように華子ちゃんは言葉を継いだ。

「ありがとうっていう気持ち」

華子ちゃんの「ありがとう」という言葉を聞いた私たちは、気がつくと涙をこらえることができずにいた。もらい泣きをこらえられず、それでも支え合う姉妹の姿に生きる力をもらえた思いだった。

「話を聞かせてくれて、ありがとう」

「ありがとう」という言葉がこれほど、重みを持って響くこともあることを華子ちゃんに教えてもらった。

それでも「家族を守りたい」

密着ロケの最後は、アルバイトを終えた優子さんの帰宅を見届けることだった。夜10時、店から出てきた優子さんは、バスを乗り継いで家路を急いだ。

家に帰ると制服を脱いで、ジャージ姿になって、ようやく夕食を作ろうと、パスタを茹《ゆ》で始めた。夜11時過ぎ、簡単な夕飯を済ませた優子さんに「ようやく休めるね」と声をかけると、これから勉強をするという。

「なぜ、こんなに頑張るの？」

「妹と弟のため。母のためでもあるんですけど、やっぱり母子家庭だからって苦労させたくないんです。慶がサッカーしたいって言えば、サッカーシューズを買ってあげたい。それで一緒に頑張ろうって言いたいんです。自分はお姉ちゃんだから、もっと頑張らないと。家族には辛い思いさせたくないんです」

夕方、留守番をしていた華子ちゃんが「お姉ちゃんは、本当にすごい」と涙を流していた姿を思い出した。

「華子ちゃんが、さっき話を聞いた時、涙をこぼしていたよ。お姉ちゃんがいるから、自分も生きていけるって」

疲れている優子さんを励ましたいこともあって、華子ちゃんの言葉を伝えた。優子さんの喜ぶ顔も見たかったからだった。しかし、優子さんはじっとうつむいて、華子ちゃんの言葉を聞くと、このとき初めて私たちに涙を見せた。どんなに辛い時も、泣かなかった優子さんは、声も出さずに涙を流した。そして、一言だけ、こう答えた。

「良かった……です」

一生懸命に働いて家族を守る優子さんの背中が、頼もしいはずの背中が涙で震えていた。必死で、弱さを押し隠して生きているのかもしれない――そんなことを思い、ますます優子さんを応援したくなった。

進学――夢への第一歩

優子さんは、母を助けるため、早く就職したいと大学進学をあきらめ、2年間で卒業できる専門学校へ進学することを決めた。

授業料は奨学金でまかない、アルバイトを続ければ、在学中の生活の目処《めど》も立ったが、それでも大きな問題が残っていた。入学前に支払う「入学準備金」だった。3月31日までに支払うことができなければ、合格が取り消されてしまう。

3月半ば、卒業式を終えた優子さんは、日中の時間帯も含めて、連日10時間以上のアルバイトを続けていた。バイト先の店長に頼み込んで、できる限り多くの時間、働けるようにシフトを組んでもらったのだ。3月下旬、バイト先に優子さんを訪ねた。優子さんは、居酒屋の厨房の奥で山のような食器を洗っていた。

「大変そうだね」

声をかけると、にっこり笑顔で振り向きながら、洗い物の手を休めることなくこう答えた。

「弟や妹には、普通の暮らしをさせたいんです。貧しいからって物が買えないとか、我慢をさせたくないんです。友達と同じような、普通の暮らしをさせたいんです」

答えの中に、自分の進学や夢のため、という言葉はなかった。もちろん、準備金の支払い期限が迫っているからこそ、アルバイトを体力の限界まで増やして、頑張っているのだろう。

しかし、頑張れる本当の理由がどこにあるのか――それは家族の存在だったということなのかもしれない。

その日、アルバイトの休憩時間に優子さんの姿を探すと、居酒屋が入っているビルの踊り場で一人、参考書と向き合っていた。中国語をマスターするための語学参考書だった。

優子さんの目指す専門学校は、キャビンアテンダントの養成校である。高校生の英語スピーチの大会では、全国レベルの成績を収めるほど、英語が得意な優子さんは、キャビンアテンダントになりたいという夢を持っていた。

経済的な理由で大学進学をあきらめた後も、夢は持ち続け、進学先を探し、キャビンアテンダント、ホテル業など、国際的な人材交流の現場で働く人を養成する専門学校があると知り、受験していたのだ。高校時代の成績は「オール5」と、常にトップクラスで、大学進学をあきらめた時には、本人よりも教師が残念がったほどだった優子さん。専門学校の受験を難なくクリアし、成績が優秀だったことから、授業料の一部を免除される特待生としての入学を決めていた。

そして、3月末――準備金の支払いに追われ、朝から晩までアルバイト漬けの日々をおくりながら、わずかな休憩時間に、キャビンアテンダントになる夢に近づこうと中国語を勉強していたのだ。

　寸暇を惜しんで勉強する優子さんを見ていると「もっとゆっくり、思う存分、学ばせてあげたい」と心から思う。しかし、優子さんは、そんな忙しい生活の中でも前向きに夢へと進む心を失わず、懸命に生きていた。


　4月。優子さんは、専門学校へ無事、入学した。同時に、妹の華子ちゃんは中学校へ入学。華子ちゃんの入学式、新しい制服に身を包む妹と並んで、背伸びした黒いスーツ姿で横に立つ優子さんの姿があった。

　桜が舞い散る小道を2人で手をつないで歩く姿は、どこか誇らしげで、見ている私たちも嬉しい気持ちにさせられた。これから先、決して楽な人生が待ち受けているわけではないが、家族が支え合い、いたわりあいながら乗り越えていくのだろう——乗り越えていって欲しい、そう願わずにはいられなかった。

　優しい笑顔を浮かべた2人は、互いの進学を祝い、姉は妹を、そして妹は姉を見つめて、それぞれ同じことを話してくれた。

「自分の進学より、姉の（妹の）進学がうれしい」

　姉妹の新しい門出に立ち会い、再び、冒頭の問いにつきあたる。

2人はたしかに「見えない貧困」という深刻な状況にある典型例だ。本来子どもに与えられるべき「学ぶ権利」が十分保障されているとはいえないほど、厳しい状況である。しかし、社会がこの姉妹、そして家族をどう支えることができるのだろうか――。

奨学金制度の充実、児童扶養手当の底上げなど、今ある制度を、より充実させるだけでも、優子さんもその家族も救われるだろう。その一方で、

「家族のために働くことは、嫌じゃない」

とインタビューで繰り返した優子さんの言葉を、そして、自力で奮闘しようとしている姿を否定することなど到底できないと思うのだ。

優子さんとその家族は、経済的には困窮している状況にあっても、心は豊かで、笑顔に包まれ、何よりも生きることに前向きだった。そこにはお金には換算できない尊い家族の愛情があった。それは「経済的な困窮」という厳しい状況に向き合って、家族が一丸となって困難を乗り越えようとする過程で生まれた絆のようにも思える。

もちろん、現状の社会保障制度が経済的に困窮する家庭の子どもたちにとって、十分に支援を行き届かせるものにはなっていない。

しかし、その現状の中でも、希望を捨てず、困難を生きる力に変えて、前へ進もう

とする子どもたちがいる。優子さんとその家族はそのことを私たちに教えてくれた。

何よりも大切な、「家族」を守るために働き続けていた、高校生ワーキングプア――私たちは、その逞《たくま》しさ、強さに甘えていてはならないと改めて強く思う。

彼らが、自分の力で踏みとどまっていられるうちに――生きるエネルギーをみなぎらせているうちに――子どもたちが、せめて安心して学ぶ権利を享受《きょうじゅ》できる社会にしていかなくてはならないのではないだろうか。

第二章

奨学金という〝借金〟を背負って進学する高校生たち

高校で開かれる奨学金の説明会

子どもの貧困は、18歳になって無事に進学や就職ができたりすれば、それで解決するかというと決してそうではない。

経済的に厳しい子ども時代を過ごしながらも、なんとかその境遇を乗り越えて大人になろうとする時、最後に直面する大きな壁、それが「奨学金」だ。多くの子どもたちが社会人としてスタートを切る時、すでに「奨学金」という名の多額の借金を抱えている。重荷を背負って旅立っていく高校生たちの現実は、どのようなものか、奨学金を借りるのかどうかを迫られる高校3年生たちに密着した。

2016年12月上旬、大阪北部にある府立高校で、奨学金を申し込む生徒を集めて説明会が開かれていた。山から吹き下ろす寒い北風が校舎の窓を静かに揺らしていた。

説明会の時刻が近づくと、100人近くが着席できる大教室に、生徒たちが続々と集まってくる。廊下でカメラマンが待ち受けて、入室する生徒たちを撮影していると、「テレビカメラじゃん」「私、映るかなー」「メイクしてくればよかったー」などと口々にはしゃいでいる声が響き渡る。生徒たちの表情は明るく、奨学金を借りなければならない深刻さを感じさせず、むしろ吹き飛ばすぐらい元気いっぱいな様子を見せていた。

生徒の6割が奨学金を申し込む

改めて会場を見渡すと、生徒たちは、何不自由なく学校生活を送っている子どもたちに見える。半数以上が奨学金を借りて進学するというこの高校では、むしろ奨学金を借りることに引け目を感じなくても済むのかもしれない。

生徒たちが借りるのは、ほとんどが独立行政法人・日本学生支援機構（以下、支援機構）の奨学金だ。これは、返す必要のない「給付型」ではなく、返還義務のある「貸与型」のため、生徒自身が卒業後、働いて返済していかなければならない。つまり借金だ。

奨学金が「借金」である以上、手続きやリスクをしっかり教えるため、この高校では、奨学金担当の教員を特別において、きめ細かい指導を行っている。取材した当時、3年生218人の62・8％、137人が支援機構で奨学金を申し込んでいた。

府立高校で授業時間を使い、生徒を集めて一斉に奨学金の手続きについての説明会を開かなければならない事態——奨学金を借りることは、いまの高校生にとってはそれほど当たり前になっているのだろう。

「奨学金は借金です」

定刻通り説明会が始まると、女性の教員が生徒たちに丁寧に説明し始めた。

「奨学金というのは、みんなが将来、社会で働いて活躍してくれることを期待して、それを担保にお金を貸してくれる制度です。みんながコツコツ返していくことで、次の世代の奨学金としてまたそのお金が回っていくということを覚えておいてください」

説明会では、テンポ良く解説が進んで、借りる金額は後からでも変更できることなどに加え、保証人に話をきちんと伝えておくことや、奨学金専用の銀行口座を作っておくことなど、盛りだくさんの内容が伝えられた。

生徒たちの表情は真剣だったが、会場が静まりかえり、緊張感に包まれたのは、返済が滞ったときのリスクについて説明した場面だった。

「いろいろな事情で奨学金の返済が滞ってしまったとします。それを放っておくとどうなるか。3ヶ月後に個人信用情報機関に登録され、9ヶ月後には法的な措置が取られる恐れがあります。奨学金は、大きなお金を借りる借金であるということを踏まえておいてもらいたいと思います」

奨学金が「大きな借金である」ということを自覚させられた高校生たち——まだ18歳の子どもたちが、当たり前に受け止めている現実だ。

説明会が終わったあと、教室の外に出てきた生徒たちに話を聞くことができた。ある男子生徒は、不安が大きくなったと話してくれた。

「初めてのことなので分からないことが多くて、けっこう不安です。学費は親が払ってくれるとは言っていますけど、あまり負担をかけたくないので、奨学金は念のため借りておいた方がいいかなと思って。返せるかどうかの不安が一番大きいです」

返せない恐怖を口にする男子生徒もいた。

「自分のお金の問題なので、真剣に理解しなきゃと思って話を聞きました。親に言われたのがきっかけで奨学金のことを知って、借りることにしました。親に負担をかけたくないというのもありますし、進学は自分のことなので、自分で何とかしないといけないと思いました。延滞した時に法的措置を取られると聞いて、やっぱり怖いなと思ったので、そうならないようにしっかり返していきたいです」

また、女子生徒の言葉からは、将来の就職についての不安も垣間《かいま》見えた。

「今は勉強のことが一番大切なんですけど、お金のことも同時に考えないといけないなって強く思いました。もし将来、収入が低い仕事に就いたら、返していくのもしんどくなるのかなっていうのが不安です。それでも私には妹がいるので、学費の面で親に迷惑をかけないようにしたいと思っています」

生徒たちに共通しているのは、親に迷惑をかけたくないということだった。だからこそ進学費用は、自分の責任で何とかしたいと思っている生徒が多く、奨学金を借りて、自力で学費を工面しようとしている。しかし、将来の返済には、大きな不安を抱えている生徒がほとんどだった。

2人に1人が奨学金を借りる時代

この高校は、奨学金を借りる生徒が極端に多いわけではない。所在地にしても、むしろ比較的裕福な地域として知られるエリアだ。大学進学の為《ため》に奨学金を受ける高校生は、全国的に増加しているのである。

日本学生支援機構の「学生生活調査」によると、大学学部昼間部の学生全体の中で、奨学金受給者の比率の推移を見ると、1990年代半ばまでは、およそ2割の比率だったのが、2014年度は51・3％と半数を超えている。いまや学生の2人に1人が奨学金を借りているのが実態だ。

奨学金を借りる学生が増えている背景には、親の所得が減少しているにもかかわらず、大学の授業料が高騰《こうとう》していることがある。

民間企業で働く労働者の平均年収は1997年の467万円をピークに、下がり続け、2014年には、53万円ほど減った。

一方、大学の授業料は上がり続けている。文部科学省によると、私立大学の年間の授業料は、1990年度には61万円余だったのが、2015年度は86万円余と負担が重くなっている。国立大学でも、1990年度に年間約34万円だった授業料が、2015年度は53万円余と増えていることが分かる。

奨学金問題の話題になると、必ずと言っていいほど出る意見がある。

「借金までして、大学へ行く必要があるのか」

と揶揄《やゆ》する声だ。しかし、親の年収が減り、教育費の負担が重くなっていることが高校生たちを追い詰めている現実を直視できているだろうか。

高卒求人の激減

奨学金を借りてまで、進学せざるを得ないもうひとつの背景として、高卒の求人が激減していることがある。働く場所がないため、「とりあえず進学しよう」と居場所を求めた結果、奨学金を借りざるを得なくなるのだ。

厚生労働省によると、高卒の求人数は、1980年代後半から上昇を続け、ピークは1992年の152万3574人だった。しかし、その後は急速に減少していき、2011年には12万4829人にまで低下。およそ20年で9割、就職先が失われたことになる。

結果的に高卒で就職する人は、2割以下にとどまり、8割の生徒は、大学・短大・専門学校などに進学しているのだ。

「多額の奨学金を借りるくらいなら、大学進学を諦《あきら》めて高卒で就職すればよい」と言っても、高卒で働きたくても、安定した収入が得られる仕事がないのが実情なのである。高校を出て、働くまでの居場所を求めるために進学し、そのために借金をせざるを得ないとしたら——奨学金は、あまりにせつない借金ではないだろうか。

奨学金に頼るしかない

このように、奨学金を借りるしかない高校生たちにとって、①親の所得が減少②教育費の負担増③高卒では働く場所が十分にないこと——という、まさに八方塞《ふさ》がりな状況なのである。

親の所得が減ったのは、製造業の多くが安い労働力を求めて海外に移転し、国内の雇用が減少しただけでなく、政府による規制緩和によって低賃金の非正規雇用の労働者が急増したことがある。

こうした親たちを苦しめたのが、国際的にも高い水準の日本の教育費だ。大企業で年功序列型の賃金制度だった時代には、何とか払うことができた教育費を、親が払うことが難しくなり、それでも進学しようと思えば、残された選択肢が「奨学金」だけ、という状況に高校生たちは追い込まれているのだ。

奨学金の説明会が行われた高校で、奨学金担当の教師に話を聞こうと、校舎の2階にある「生徒相談室」を訪ねた。

説明会を取り仕切っていた植森阿津子教諭は、笑顔を絶やさない包容力のある先生で、奨学金を担当して10年以上になるベテランだ。

「私たちは、生徒たちの進路を保障するものとして奨学金を推進してきたんですけど、最近の報道で奨学金を返済するのに苦しんでいる子どもたちがいることを知って、ただ事務手続きを促すのではなく、気をつけておいたほうがいいことをきちんと盛り込んで伝えなければならないと思っています」

そう言うと、気をつけるべきポイントについて、強調した。

「ひとつは、月額ではなく総額をよく見て、借りすぎないこと。それから、専用通帳を作ってきちんと収支を理解しておくこと。そして、返済に困ったら滞納をしてしまう前にすぐに学生支援機構に連絡すること。この3つは特に強調して伝えています」

説明会に参加していた生徒たちが、お金の心配をしながら受験期を迎えることに、植森先生は終始、心配そうだった。

「やっぱり切実な問題なんですよね。私自身は、高校の時にお金のことを心配したことはなかったですけど、この子たちは、お金のことを考えながら進路のことも同時に考えていかなければいけないんだなって。あらためてその大変さを実感しました」

手続きで浮かんできた「見えない貧困」

植森先生が奨学金の担当をするようになったのは、奨学金の借り入れ先が日本育英会から日本学生支援機構に代わった２００４年、奨学金を借りる学生が４割に急増した頃だった。

支援機構はもともと、日本育英会から奨学金貸与業務を引き継いで文部科学省所管の独立行政法人として設立された。

植森先生によると、生徒が奨学金を申し込む時、提出する書類の中身を見て、初めて生徒の抱える家庭の事情を知ることが多かったという。

「当時は、私もあまり分からないままに担当していたんですけど、あのころ奨学金を借りたいという生徒が急増したんですね。提出されてくる書類をチェックするのが大変でした。それで、一枚一枚見ていくと、お父さんがリストラされたとか、お母さんが病気療養しているとか、シングルマザーで低所得で苦しんでいるといったことが、書類を通して見えてくるんです」

奨学金の書類で初めて知ることになった子どもたちの「見えない貧困」。植森先生は大きな衝撃を受けたという。

「生徒たちの顔が何人も頭に浮かんできて、ああ、あんなに真面目《まじめ》にやっている子なのに、あんなにいつも明るく振舞っている子なのに、あんなにほんわかとしている子なのに、実はこんな現実を抱えているんだって実感したんです。すごくショックでした」

先生は、こうした子どもたちの苦しみを少しでも和らげたいという気持ちから、生徒の相談室という場を作り、生徒たちに寄り添うようになったという。

「一人ひとりの状況を聞いていると、この子たちがどうしてここまで追い詰められないといけないのかなって。すごく悲しいというか、いじらしいというか、何ともやりきれない思いになります。だから、私では何も力になれないけど、奨学金を借りる手伝いくらいならできるから、それをしっかりやっていこうと思いました。でも一方で、この子たちが将来、奨学金の返済で苦しむようなことにはなって欲しくない。だから、この仕事をしていると、借金の手伝いをしているんじゃないか、この子らが将来苦しむことになる手助けをしているんじゃないかって、いつもジレンマを感じています」

ある女子生徒との出会い

説明会の後、生徒相談室で一人の女子生徒と会った。

「はじめまして」

礼儀正しく挨拶《あいさつ》をしてくれたのは、長い黒髪に、ぱっちりした瞳《ひとみ》の可愛《かわい》い女子高生だった。真央さん（仮名）18歳。植森先生と大きな声で笑いながら話す様子は、毎度のことではあるが、一見どこにでもいる明るい女子高生だ。

真央さんは、外国語学部のある私立大学への進学を希望していて、今は受験勉強の最中だという。将来の夢を聞くと、大学で海外留学を経験した上で、中学校の英語の教師になりたい、と目をきらきらさせながら話してくれた。

「中学2年生のときにすごくいい先生に恵まれて、私が前向きになれたことがあってから、私もそんな先生になりたいなと思って。なんか、中学生っていう、その子の人生の最も多感な時期に関わることができる先生という職業って、すごくないですか。その子にとってずっと記憶に残るというか。だから、中学校の先生になりたいなって思いました」

自分の将来を真剣に考えている、芯《しん》のしっかりした高校生だった。成績も、常に学年でトップクラス。勉強も好きだという。

真央さんは、父親と母親との3人暮らしだ。67歳の父親は大手企業を定年退職して、年金を受け取っている。しかしその年金は、住んでいる戸建ての家のローンの返済などで手元に残らず、生活費は、母親がコンビニエンスストアでパートタイマーとして働いて、工面している。

父親の年金と母親のパート代を合わせると、相対的貧困の水準を上回るが、ローンの返済などの負担が大きく、使える生活費で言えば相対的貧困の水準と変わらず、経済的には厳しい暮らしだ。

住宅ローンや手術、入院といった突然の出費などで、収入があっても生活困窮に陥る家庭は少なくない。しかし、外部からはますます見えにくいため、むしろ深刻な問題だと専門家は指摘している。

真央さんは、私たちの取材やインタビューの依頼に、思いのほかあっけなく「いいですよ」と答えてくれた。「私なりに伝えたいこともあるので」と、覚悟を決めたように頷《うなず》いていた。

この時、私たちは、真央さんの身に次々と降りかかってくる難局を想像さえしていなかった。この後、真央さんは、進学費用をめぐって、厳しい事態に繰り返し直面することになったのだ。

母親との顔合わせ

後日、真央さんの母親に会うことになった。待ち合わせ場所に指定されたのは、自宅の近くのファミリーレストランだ。時間より少し早めに店に行くと、すでに真央さんと母親が店で待っていた。

真央さんの母親は、50歳くらいで、落ち着いた雰囲気の女性だった。テレビ局の人間に会うことで緊張していたためか、最初は硬い表情だったが、話しているうちに、柔らかい雰囲気に変わっていった。

週に5日、朝8時から午後5時まで近所のコンビニでパートで働き、収入は月に十数万円だという。家族の生活費は、そのパート代でまかなっていて、経済的な余裕はなく、そのことが精神的にも辛《つら》いと話してくれた。

「毎日、仕事と家事で疲れてしまって、十分に娘と会話できないことも多いです」

少し疲れた表情でそう語った母親は、申し訳なさそうに真央さんを見つめた。真央さんも、高校3年生の夏までは、母親と同じコンビニでアルバイトをして、家計を支えていたが、受験勉強で忙しくなったため、アルバイトはいったん辞めていた。

取材班が母親と話していて気になったのは、真央さんが進学費用について相談していないのではないか、と感じたことだった。

特に、奨学金制度について、母親がよく知らない様子だったことが引っ掛かった。奨学金を借りることについて、親としての意見を聞いておこうと思い、質問を投げかけても、分かっていないのでは、という印象を受けたのである。

「私は、そういうのは難しくて分からないので本人に任せています」

もしかしたら、母親は真央さんが借りようとしている奨学金の金額やこれから行わなければならない煩雑《はんざつ》な手続きについても、知らないのではないかと思えたが、真央さんがそれを伝えていないとしたら、何か理由があるのかもしれない——そう思い、母親から突っ込んで話を聞くことはしなかった。

帰り道、最寄《もよ》りの駅まで母親が運転する車で送ってもらった。取材を終えると、リラックスしたのか、車中での雑談にも硬さがとれ、少しだけ打ち解けることができたような気がした。

日本学生支援機構の奨学金

真央さんの母親が「難しくて分からない」と言っていた奨学金制度について、その基本的な内容をここで整理しておきたい。

日本学生支援機構の奨学金は、返済の必要がある「貸与型」だ。貸与の対象は、「経済的理由により、修学に困難がある優れた学生本人」とされている。

奨学金には、「第一種奨学金」「第二種奨学金」「入学時特別増額貸与奨学金」の3種類がある。第一種は無利子で、第二種は利子があり、それぞれ、学力と家計について貸与基準が設定されている。

第一種の貸与額は、2017年度では、国公立大学に自宅から通う場合は、月額4万5000円で、自宅外から通う場合は、5万1000円だ。私立大学に自宅から通う場合は、月額5万4000円、自宅外の場合は、6万4000円となっている。

第二種の貸与額は、月額3万円、5万円、8万円、10万円、12万円から選択し、審査によって決定される。第二種の利子は上限が3％で変動する。仮に、国立大学に進学し、4年間、毎月5万円の奨学金を借りた場合、3％の利子だと仮定すると、15年間で返済する場合は返済総額はおよそ300万円で、60万円程の利子を負担することになる。

「入学時特別増額貸与奨学金」は、第一種または第二種の貸与を受けていて一定の基準を満たすか、日本政策金融公庫による「国の教育ローン」を利用できなかった人が対象だ。利子があり、貸与額は10万円〜50万円の5種類から選択する。

2015年に労働者福祉中央協議会(中央労福協)が行った「奨学金に関するアンケート調査結果」(対象は、奨学金を利用した勤労者)によると、34歳以下の利用者の奨学金借入総額は平均312・9万円。返還期間は平均14・1年にも及ぶ。月々の返還額は平均1・7万円だ。

奨学金を利用した理由は、「家庭の経済的負担を軽くする」が75・9%と最も多く、「学費の一部にする」が50・9%、「生活費の一部にする」が44・4%だった。

34歳以下では2人に1人が奨学金を利用し、その6割が有利子奨学金を借りている。有利子と無利子を併用する人も多い。

奨学金の利用者は、高卒では1割程度なのに対し、大卒では5割前後、大学院卒では7割に上る。学歴が高い人ほど奨学金を利用していることが分かる。

支援機構の奨学金は、卒業後7ヶ月目から返還が始まり、返還期間は最長20年。もし、奨学金の返還が難しくなって、滞納すると厳しい回収が待っている。

支援機構に変わってから育英会の時と比べると、回収がかなり厳しく行われるようになった。奨学金の返済が滞ると、まず、1ヶ月を過ぎたあたりから、本人や保証人への電話による督促が行われる。

3ヶ月を過ぎると、本人の個人情報が、各金融機関が加盟する個人信用情報機関へ登録され、「ブラックリスト化」される。ブラックリスト化されると、マイホームなどのローンを組めなかったり、クレジットカードを作れなかったりと、社会生活に支障をきたすこともある。

それでも滞納が続くと、9ヶ月目には、裁判所に支払い督促の申し立てが行われ、裁判所から督促通知が送られてくる。そうなると、本人が裁判所に異議申し立てをして訴訟をするか、異議がない場合は、判決と同様の効力をもつため、借りた金額を全額、返還しなければならない。

それでも返還できなければ、給料の差し押さえなど、法的措置の手続きが取られる。

このように、滞納すると、非常に厳しい措置が待っている。高校の奨学金の説明会で教員が「滞納しそうなときは、支援機構にあらかじめ、必ず連絡すること」と強調していたのはそのためだ。

返還が難しい場合は、月々の割賦《かっぷ》金額を半分にするなどの「減額返還制度」や、傷病や災害などの事情がある場合に返還を一定期間停止する「返還期限猶予《ゆうよ》制度」といった制度もある。

2017年度からは、奨学金制度に2点の変更点があった。

ひとつは、新たに「無利子奨学金」が始まることだ。従来、無利子の第一種奨学金を受けるためには、家計の条件に加えて、成績が平均3・5以上でないと申し込みができなかったが、「無利子奨学金」では完全に成績基準が外され、住民税非課税世帯であれば、希望者全員が無利子で借りられることになった。

もうひとつは、卒業後の年収に応じて奨学金の返済額が変わる「所得連動返還型奨学金」の制度が創設されたことだ。卒業後に年収が約144万円未満であった場合、月の返還額は2000円に抑えられることになる。

「奨学金が返せない」非正規労働で働く若者たち

奨学金の利用者の多くが、日本学生支援機構の回収が厳しいことを知らないというデータもある。

前述の中央労福協が行ったアンケート調査によれば、「自宅等へ電話等の督促が行われる」ことを「知っている」のは、27・5％、「知らない」は、71・7％。「3カ月以上の延滞はブラックリスト」を「知っている」は、23・5％、「知らない」は、75・7％だった。また、「返還の期限を猶予する制度がある」のを「知っている」人は、38・6％で、「知らない」人は60・5％に上るなど、奨学金を借りる上でのリスクを十分に理解しないまま借りる人が少なくないことが明らかになっている。

いったいどれくらいの人が奨学金を延滞しているのか。1日以上の延滞者数の推移を見ると、1989年度には約13万人だった延滞者数は、2003年度は約22万人、2014年度は、約32万人に増えている。支援機構の奨学金の延滞者の約8割は、年収300万円未満だ。さらに、非正規労働者では、4人に1人が延滞を経験している。

奨学金返還の負担感については「少し苦しい」が27・7％、「かなり苦しい」が11・3％で、これらを合わせた「苦しい」が4割近くに及んでいる。

雇用形態別に見ると、正規労働者で36・8％、非正規労働者では56・0％と半数を超える人が、「苦しい」と答えている。いずれの結果からも、非正規労働者が奨学金を返済していくことの厳しさがうかがえる。

奨学金は借りたら返すのが当然だが、支援機構による回収が卒業後、若者たちを追い詰めているのも事実で、中には、行き詰まって自己破産に陥ったり、返済のために過酷な職場で無理をした末に過労自殺したりするなど、深刻なケースが報告されていることは見過ごしてはならないだろう。

奨学金＝借金800万円を背負う

真央さんと母親を交えて話した3日後、自宅を訪ねた。母親は仕事で留守だったが、真央さんの部屋に通された。学習机とベッドと小さなテーブルがある綺麗《きれい》に整理整頓《せいとん》された部屋だった。

テーブルの上には封筒に入った奨学金の書類が置かれている。あらためて、奨学金をいくら借りることにするのか訊《き》いたところ、真央さんは書類を取り出して説明してくれた。

「一種の無利子のやつと、二種の有利子の両方受けるんですけど、合わせて月に17万4000円です。それに加えて、入学金として、50万円を借りようと思っています」

真央さんの決定通知によると、第一種奨学金を月額5万4000円（希望通り私立大学に合格し、自宅から通うことになった場合）、第二種奨学金を月額12万円、入学時特別増額貸与奨学金を条件付きで50万円借りられることになっていた。

4年間で、総額885万2000円だ。高校3年生がこれほどの額の借金を背負うというのは、やはり現実味がない。真央さんはなぜこれほどの額を借りようとしているのか。

「4年間の学費に加えて、留学をしたいので、一種の無利子の分だけでは足りないかなと思って。入学してから奨学金を借りる額は減らせるので、今後、多すぎると思ったら減らそうとは思っています」

真央さんの志望する私立大学の学費を見ると、1年目は、入学金を含めて年に127万円、2年目から4年目は、年に102万円かかる。4年間で合計433万円だ。これに加えて、在学中に留学をするための資金や、自分の生活費のために多めに申請をしたという。

申し込み時には、たいていの人は上限いっぱいの額を申請するので、真央さんも今後、借りる額を減らすとしても、少なくとも500万円以上は借りることになる。

「事前に借りる金額を自分で決めなくちゃいけないのが大変です。大学に行ってみないと、どれくらいの費用がかかるか分からないじゃないですか」

返済していくことについての不安を訊くと、
「返していくしかないんで。何年かかっても……。嫌やけど、仕方ないですよね。自分の夢を叶《かな》えるために借りるんで」
と、自分を納得させるようにつぶやいた。

教師になるために努力した3年間

真央さんは、中学生まで特に夢はなかった。親子関係で悩みを抱えていたり、あまり自分にいい影響を与えるとは思えない友達と付き合ったりしていて、その日が楽しければそれでいいという刹那《せつな》的な学校生活を送っていた。

しかし、中学2年生のときに、自分のことをまるで娘のように心配してくれる先生に巡り会い、それが立ち直るきっかけになった。そんな大人と出会うのは初めてのことだった。そのときの出会いから、自分も将来、こういう先生になりたいという夢ができた。

「それまで高校にも行きたいと思わなかったんです。でもその先生が支えてくれたから頑張ろうって思えて、とりあえず高校には進学しようと思いました。それまで勉強してなかったので全然分からなかったんですけど、とりあえず今までの遅れを取り戻そうっていうくらいの勉強をしました。志望校も特になかったんですけど、家の近くということで今の高校を選んで。それで将来は先生になろうって決めたんです」

自分の夢ができた真央さんは、それまでとは見える景色も大きく変わっていった。

「いろんなことをやりたいなって思うようになりました。先生になりたいっていうだけじゃなくて、いろんなことをしたいなって。高校で国際的な問題を学ぶ機会もあって、ボランティアとか国際貢献とかにも興味を持つようになって、自分の知らないことに挑戦していきたいなって思って。そのためには、大学に入って勉強しないといけないなって思って。それが大きな変化ですかね」

中学を卒業したころ、真央さんは、自分の家庭の状況を見て、大学でかかる費用を親に負担してもらうことはできないと感じていた。そこで、大学の学費にいくらくらい必要なのかを自分で調べ、無利子の奨学金を受けられるよう勉強を頑張ったという。

「親には、家の経済的なことをどうなのって聞きづらいですよね。でも、自分の家のことなので、無理だなって感じることは、子どもながらにあって。ちょっとしんどいだろうなってことで、自分で奨学金を借りようと思いました」

高校では、男子バスケ部のマネージャーをしながら、母親の家計の負担を和らげようと週に数回、コンビニでアルバイトしながら勉強にも励んだ。その結果、定期テストでは学年で1位を取るまでに学力もついた。そうした努力もあって、無利子の奨学金を受けることができることになった。高校に入学した直後から、大学進学後にかかるお金のことを心配し、奨学金のことを緻密《ちみつ》に調べて、計画的に高校生活を送ってきたことに驚かされた。

「お金のことは大きいですね。お金が原因で進路を諦めたりするのは辛いじゃないですか。お金ってやっぱり重要な決め手だと思うので。行きたい大学があってもお金が高いから行けないとかって、そういうのはあんまりだなって思います」

親には相談できない

奨学金は、子ども自身が借りて、卒業して就職できなくても返す、つまり、自分で返すものであるとはいえ、真央さんは、お金の心配をしても、苦しい胸の内を両親には打ち明けることができなかった。

「親に奨学金のことってやっぱり言いにくいです。なんかこう、現実を突きつけているみたいで……」

相談すると、親を苦しめることになると思っていたからだ。「奨学金を借りる」と伝えれば、「うちは経済的に恵まれていないから、私は奨学金を借りて進学しなければならないんだ」と恨み言を言っているようで、言いにくいというのだ。

しかし、今後の人生に関わる重要なことなのだから、家族で相談すべきではないのか。それについても真央さんは、親への気遣いを繰り返した。

「毎日頑張って働いているお母さんに、余計に負担になるじゃないですか。月にいくら借りてって具体的な金額を出すと、あ、こんなに借りなあかんのや、もっと頑張らなとか思うだろうし、そんな負担をかけるのは嫌です」

真央さんは、「奨学金のことは話したくない」ときっぱりと言い切った。

子どもは、親が思うよりもずっと家の事情に敏感だ。親の気持ちを先回りして、自分で何とかしようとする。決して仲が悪いわけではなくても、重要な話ができないまま時間が過ぎていく。真央さんもそんな様子だった。

しかし、これが真央さんをさらに辛い状況に追い込むことになる。

入学金が払えない？

12月下旬、大きな問題が発覚した。真央さんが生徒相談室の植森先生のもとを訪れ、2月に大学に合格した場合、入学金と前期の授業料を期限までに用意することができないかもしれないと打ち明けたのだ。

真央さんの志望校では、2月中旬に合格発表があり、合格した場合、1週間以内に入学金25万円、1ヶ月以内に、前期の授業料50万円を振り込まなければならない。

しかし、真央さんが借りる奨学金は、大学に入学した後、4月以降にならないと口座に振り込まれないため、間に合わないのだ。そのため、親に立て替えてもらう必要があるが、両親とも工面できる見通しが立たないという。父親は、親戚《しんせき》に借りると言ってくれてはいるが、確実に借りられるのか、どこにも保証はない。期限までに合計75万円を大学に振り込めなければ、せっかく努力して合格したとしても、取り消しになる恐れがある。

植森先生は、親戚に借りられなかったとき、どういう方法があるのか、真央さんに提案した。

「親戚の人が用意できなくなったりとか、どうなるか分からないから、念のために別で借りられたらその方がいいかなと思って。一応詳しく説明するね」

植森先生が取り出したのは、「国の教育ローン」のパンフレットだ。

国の教育ローンとは、政府が全額出資する金融機関、日本政策金融公庫が融資を行っている教育ローンのことだ。

「進学に関する家庭の経済的負担の軽減と教育の機会均等を図るため」の制度で、「入学前の資金需要（入学金等）」と「入学後のまとまった資金需要（後期授業料等）」に対応している。奨学金との併用が可能だ。

融資額の上限は、子ども1人につき350万円以内。入学金だけでなく、受験費用や教科書代、住居費用などに使うこともでき、使い道は幅広い。

日本学生支援機構の奨学金制度との最も大きな違いのひとつは、「借主が誰か」ということだ。子ども自らが借りるのが奨学金制度で、保護者が借りるのが教育ローンだ。

また、もうひとつの違いが貸与時期だ。奨学金制度の場合は、高校3年生の時点で申し込む「予約採用」で、奨学金を受け取れるのは4月以降となる。そのため、真央さんのように受験費用や入学金には間に合わない。

一方、教育ローンの場合は、審査が通れば入学前に受け取ることができるのが大きな特徴だ。申し込みから結果の連絡までが約10日、融資までは約10日と最低20日間かかるが、入学金の振込期限から逆算して準備しておけば、融資を受けることは可能だ。毎年、1月から2月にかけては窓口が混雑したり審査に時間がかかったりするため、日本政策金融公庫では、必要な時期の2～3ヶ月前までに申し込んで欲しいと周知している。

日本政策金融公庫によると、多くの利用者が支援機構と併用していて、入学する前の支払いには、国の教育ローン、入学後は奨学金、というふうに使い分けることが多いという。

植森先生は、真央さんにまず「借入申込書」を入手するよう勧めた。先ほど渡したパンフレットに同封されている所定の用紙に必要事項を記入して郵送するか、インターネットで申し込むと送られてくる。

申込書を手に入れるだけでも、手間がかかるため、受験勉強中の真央さんにそんな余裕があるのか、そばで聞いていて心配になった。しかし、手続きの煩《わずら》わしさはそれだけではなかった。

手元に届いた借入申込書を見ると、必要事項を記入することに加えて、必要な書類を用意しなければならない。植森先生が、パンフレットにあるリストをもとに確認していく。

「まず、住民票が必要になる。これはちょっと市役所に行かなあかんけど、家族全員分の住民票の写しが必要。取って来れるかな？」

「うん」

「あと、借りる人、お父さんなら、お父さんの運転免許証のコピーが必要。これは大丈夫？」

「うん」

「それから預金通帳のコピーが必要になります。公共料金の支払いが口座引き落としの場合、それがわかる部分をコピーして送らないといけない。それと通帳の金融機関名が分かる部分のコピーも必要。もし引き落としじゃなくて、コンビニとかで払っていたらその領収証が必要。過去6ヶ月分なんやけど」

「うーん、微妙やな……。聞いてみる」

さらに、植森先生は、受話器を取り、問い合わせ窓口に電話をかけた。

「恐れ入ります、私、大阪府立××高校の植森と申します。お世話になっております。

申し込みに際しての書類で確認したいことがあるんですが、よろしいでしょうか。はい、申し込み書類の中に収入を証明する書類として、ここに挙げられているのは源泉徴収票または確定申告書ということなんですけども、年金受給の場合はどういった書類になりますか？　はい、はい……年金支給額通知書ですか？　お父様がもし借りられる場合は、お父様のみの収入の通知書だけでよろしいでしょうか。お母様のほうは非課税証明書になってしまうと思うんですけども、それでも大丈夫でしょうか。確定申告はしていないと思うんですよ。私ちょっとはっきりわからないですけど。はい、わかりました。源泉徴収票ですね」

電話の結果、父親の年金支給額通知書と母親の源泉徴収票、もしくは非課税証明書が必要だということがわかった。

電話の内容を聞いていた真央さんは、「源泉徴収票」や「確定申告書」など、高校生にとっては聞きなれない単語の羅列に不安の表情を浮かべ始めている。

植森先生は、「本当はお父さんに連絡してもらった方がいいんだけど」と言って、真央さんの表情を窺《うかが》った。

教育ローンの借主は親だ。真央さんは、父親にローンの借主になってもらえるよう話すことができるだろうか。そして、たくさんの書類を用意してくれるように、親にお願いできるだろうか。親には言わず、ギリギリまで自力で揃《そろ》えようとするのではないか。そういったことを予想しながら話しているのが伝わってきた。真央さんが、

「ひとつでも揃わなかったら出せへんの？」

と訊くとこう答えた。

「いや、出したらいい。書類を送って審査されて、もし落ちたら『残念ながら』とかって書いてある否決通知が来ると思う。その場合、国の教育ローンは借りられなくても、その通知さえあれば、支援機構の入学時特別増額貸与奨学金が借りられるやんか。そうすれば、それを担保に民間の教育ローンの申し込みができる」

どういうことかというと、真央さんの支援機構の「採用候補者決定通知」を見ると、「入学時特別増額貸与奨学金」の50万円は、国の教育ローンを借りられなかった場合に貸与するという条件が書いてあった。国の教育ローンが、書類の不備で審査を通らなかったとしても、「否決通知」がもらえれば、奨学金の50万円を借りられることになる。

しかし、その50万円も結局、入学後の4月以降にならないと振り込まれないので解決しないのではないか、と思うが実はそうではない。奨学金の「入学時特別増額貸与奨学金」を借りられることが確定すれば、それを担保に民間の教育ローンを「つなぎ

融資」として借りる権利を得られるのだ。民間の教育ローンというのは、銀行や労働金庫（ろうきん）などで貸し付ける教育ローンのことを言う。

植森先生は、真央さんが国の教育ローンの審査を通る確率はそれほど高くないと踏んでいた。そのため、否決されたあとのシナリオとして、民間の教育ローンを借りることを提案したのだ。

シンプルに書くと、真央さんが行う手続きは以下のようになる。

国の教育ローンに申し込む
←
審査で否決される
←
入学時特別増額貸与奨学金を借りる権利が確定
←
それを担保に民間の教育ローンに申し込む
←
審査で決定

大学に合格
↓
正式に教育ローンの契約
↓
1週間後の入学金の納入期限までにお金が振り込まれる
↓
大学に入学金を振り込む
↓
3月中旬に前期の授業料を振り込む
↓
4月以降に入学時特別増額貸与奨学金が振り込まれる
↓
それを元手に民間の教育ローンを返済

話を聞いているだけでも、目眩《めまい》がしてくる。奨学金を担保に教育ローンを借りるということはつまり、「借金で借金をする」ということだ。

しかも、大人でさえ躊躇《ちゅうちょ》するこの複雑な手続きを経ないと、大学に入学できないかもしれない。真央さんはそこまで追い詰められていた。さらに、こうした手続きについて親にあまり頼れないとなると、自力でこれらの作業を進めなければならない。受験勉強が追い込みのこの時期に果たしてできるのだろうか。

労働金庫（ろうきん）での申し込み

植森先生の真央さんへの説明はまだ終わらない。民間の教育ローンはどこを選ぶかという話に移った。

「国の教育ローンの審査がダメだった場合は、ろうきんの教育ローンがあります」

民間の教育ローンのうち、最もスタンダードなのが、各地の労働金庫が取り扱っている教育ローンだ。「入学時必要資金融資制度」というもので、「入学時特別増額貸与奨学金」と同額を上限に、入学前に貸し付けを受けることができる。真央さんの場合は、50万円を限度に借りることができることになる。ただ、こちらも審査があるため、早めに相談をしておく必要があるという。

「審査に2週間くらいかかるんですよ。でも合格してから2週間経《た》ったら、振り込みが間に合わへんやん。本当は、合格してから書類提出、審査っていう順番なんだけど、事前に審査してもらう必要があるんです。だから国の教育ローンがダメでしたってなったらすぐにここに電話して行ったらいい。1月に行ったほうがいいと思うから、割と急がなあかんということや。勉強もせなあかんと思うけど、冬休みにも動いたほうがいいと思うねん。これはお母さんと一緒に行ったらいいと思うわ」

「うーん……」

冴《さ》えない表情の真央さんを、植森先生も励ます。

「もし心配やったら私も一緒に行くよ。前にもそんなケースあるから。事前に連絡しておけば、土曜日でも対応してくれると思うから。お母さんに直接話そうか?」

しかし、真央さんは「微妙やねんなあ、なんか」と、煮え切らない。

「もちろんお金を親戚に借りられたら、それはいいかもしれへんねんけれど、もしも借りられへんかったら、本当にお金なかったら……」

「受かっても……?」

「そやねん、それを心配しているだけやねんか。行けるかな?」

「はあ……」

真央さんは、椅子《いす》に座ったまま深いため息をついて、顔を伏せた。

「しんど……」

「しんどいね。やっぱりしんどいよな。高校生やもんな、まだ」

「うう｜。嫌や。嫌や。ホンマに嫌や……」

これまで隠してきた不安と焦燥が、堰《せき》を切ったように溢《あふ》れ出た。ティッシュが涙で濡《ぬ》れていく。

植森先生は、真央さんの肩を抱きながら、

「こんなん、心配なく進学したいよな。お金借りるって大変やな。一人で考えるのがしんどかったらな、私がお母さんとしゃべるで」

と語りかける。

「そうやな……お母さん……」

「お母さんもしんどそう？」

「うん。お母さんがしんどそう……」

「そっか……。お母さんがしんどそうやから、一人でやってんやろ」

「ほんまに嫌や……」

「でもな、ずっと夢やったんやろ。頑張ってきてんから。なんかあったら相談乗るで。

支えてくれる人いっぱいいるからな。期待しているよ」

「はい、とにかく頑張る。大丈夫」

涙をぬぐったティッシュを握りしめながら、真央さんは少しずつ落ち着きを取り戻した。

奨学金で大きな借金を背負うだけでなく、合格後に入学できるかどうかでこれほど高校生が思い悩むことがあるとは思ってもいなかった。

しばらくして、真央さんは涙をぬぐうと、相談室を後にした。

相談室を出て廊下を歩いて行く真央さんの後ろ姿を見送った植森先生は、室内にいる私たちの方に振り返り、

「いやー、辛そうでしたね」

戸惑いを隠せない表情で続けた。

「本当やったら今から、合格を目指して頑張るっていう時期ですよね。だから、勉強だけでもかなりしんどいし、不安だと思うんですよ。なのに、お金のことまで考えて何かを申し込んだり、書類を整えたりするのって、本当に大変だと思います」

植森先生も、真央さんのあのような苦しい表情を見たのは初めてだった。

「一番大変なのは、本人が親に頼らず一人でやって行かなあかんと思っているところですよね。まだ高校生やから、あんなこともこんなこともしなあかんと考えたら、しんどいんでしょうね。私たちにできることは限られているので、できる限りのことを説明したんですけど、何かこう、追い込んだみたいで……。ちょっと罪悪感をもってしまいました」

植森先生のもどかしい胸中が痛いほど伝わってきた。

進学費用はどこに頼る？

今回、話題に出てきた労働金庫の教育ローン以外にも、民間の教育ローンの種類はある。特に有名で利用者数が伸びているのが、社会福祉協議会で借りることができる「生活福祉資金」だ。

日本学生支援機構の奨学金などを受けることが決まっていることを条件に「つなぎ」として融資を受けることができる制度で、大学の入学金の支払いのために借りる「就学支度費」は、50万円以内であれば無利子で借りられる。子ども本人が借主になることができる点で、国や労働金庫の教育ローンとは違う。ただし、条件は、生活保護世帯または住民税の非課税世帯相当であること、すなわち収入が一定水準を上回ると対象外になってしまう。そのため、真央さんはこの条件に合わなかった。

さらに、もう一つの条件として、居住区の民生委員の「調査書」を提出することになっている。民生委員が事情を聞き取るのだが、実は、この「調査書」がネックになり、生活福祉資金の検討を断念する家庭は少なくない。民生委員というと、近所の知人が担当していることが多いため、その人に自分の家計の状況を知られたくないと考える保護者が多いからだ。

生活福祉資金（就学支度費）の利用者は、全国で1921件（2015年度）。支援機構の奨学金の利用者の急増に合わせて、2000年以降、利用者を大きく伸ばしている。最近は母子家庭の利用者が非常に増えているという。

相談室を出て、自宅に戻った真央さんは一人、お金のことで頭を悩ませていた。しかし、いくら考えても、お金を借りられるアテはない。突然、天井を見上げると――

「もう嫌や。金、降ってこーい」

偽らざる本音が口をついて出ていた。

「ある日ここに、ポンッて75万円が置いてあったらいいのに……」

目の前には、植森先生に渡された国の教育ローンのパンフレットがあった。表紙を見ると、「進学、在学を応援！ 国の教育ローン」という題名で、高校生の男女2人が爽《さわ》やかに微笑《ほほえ》んでいる。その2人を取り巻くように天体望遠鏡や宇宙飛行士、ギターやパソコンなど、将来の夢をイメージした手書きのイラストがたくさん描かれていた。パンフレットを見つめていた真央さん。表紙をじっと見て、

「なに笑とんねん」

真央さんは一人、パンフの表紙で笑顔を浮かべる写真にツッコミを入れていた。

「夢、ちりばめてる感じするけど。笑っている場合じゃないんですよ。これを借りるってことは――」

奨学金や教育ローンの返済に行き詰まる人は増えている。奨学金の未払い者に対する裁判所からの支払い督促は、2004年に208件だったのが、2014年には9106件にまで増えた。奨学金が原因で破産する人は、2014年、累計《るいけい》1万1000件に上っている。

給付型奨学金が導入されても……

２０１６年12月中旬、奨学金に関する新たなニュースが報道された。国は、２０１８年度から「給付型奨学金」を本格的に導入し、２０１７年度から一部、先行して導入することを決めた。これまで、国の奨学金は返済が必要な「貸与型」だけだったが、返済の必要のない「給付型」が初めて加わることになる。対象となるのは、大学、短大、専門学校などに進学する住民税非課税の低所得世帯の学生のうち、高校が推薦し、一定の成績などを収めた約２万人だ。毎月２〜４万円が支給される。私立大学に下宿して通う学生が月に４万円。自宅から通う学生は３万円。国公立大学に下宿して通う学生は月に３万円。自宅から通う学生は２万円だ。また、児童養護施設などから進学する学生には、入学時に24万円が支給される。２０１７年度の先行実施では、支給対象は約２８００人にとどまったが、今後、対象が広がっていくことが期待されている。

ＯＥＣＤ（経済協力開発機構）の調査によると、日本は、教育費に占める公的支出の割合が低い。大学などの高等教育に家庭が負担する割合が非常に高く、イギリスに次いで第２位だ。日本以上に授業料が高い国はあるが、こうした国は給付型奨学金の制度が充実している。ＯＥＣＤの中で、給付型奨学金がないのは日本と、無償教育の充実したアイスランドだけだ。

こうした中で、国の給付型奨学金が新たに導入されたのは、経済的に厳しい家庭の子どもにとって大きな前進だ。

しかし、給付する金額が不十分だと指摘する専門家は少なくない。国際的に見ると、最高額を月5万円程度としている国が多いのに対して、日本が導入する制度では、最高でも4万円。今後、制度を運用しながら効果を検証し、足りない部分を補っていくことが重要だ。

ちなみに、2017年度に給付型奨学金が先行して導入されることに伴って、この年に大学進学を目指す真央さんにとっても朗報かと思われた。しかし、残念ながら真央さんは対象外だった。先行実施では、私立大学などに「自宅外」から通う住民税非課税世帯の子どもが対象となっていたからだ。

真央さんは、合格したら自宅から通学する予定で、さらに、父親の年金と母親のパート代を足すと、収入も基準を上回るため、住民税非課税世帯ではない。そのため、この制度に申し込むことはできなかった。

国の教育ローン

後日、真央さんはさっそく、先生に教えられた通り、国の教育ローンを申し込むための準備を始めた。学校は冬休みで、先生に相談しながら進めることはできない。そのため、私たちが撮影の傍ら、一緒に書類を読みこみ、手助けすることにした。

まず、最初に手に入れなければならなかった「借入申込書」は、真央さんの代わりに大阪市内の日本政策金融公庫の支店に取りに行って、真央さんに手渡した。真央さんが役所に住民票の写しや親の所得証明書を取りに行く時にも、一緒に行って、見守った。高校生が親に頼らず、借金の手続きをするために役所の窓口に立っている姿を見るのは、胸が痛んだ。

忘れられないシーンがある。真央さんが母親の所得証明書を受け取ったときのことだ。このとき初めて母親の年収の額を知った真央さんが発した言葉だ。

「お母さん、こんなに働いていたんだ……」

どこまでも親を気遣う真央さんの優しさに心が動かされた。

年が明けて、1月上旬。

志望校の願書をスマートフォンで入力する真央さん。受験まで1ヶ月だ。志望校は1つに絞っている。3学部受けるため、受験料は合計7万5000円。このお金は、父親が年金の中から捻出《ねんしゅつ》してくれたという。コンビニで自ら受験料を振り込んだ。

しかし、この時期になっても、教育ローンの話をまだ母親に伝えていなかったため、申込書を発送する準備はできていても、ポストに投函《とうかん》できていない状態だった。

「やっぱ忙しいし、まあ、時期が時期っていうのもありますし、あんま仕事から帰ってきて、疲れて帰ってきている状況で、そういう話をあんまりしたくないなっていうのも、はい、ありますね。とりあえず、お母さんが休みの日にしようと思ってます」

真央さんは、結局、2月になっても国の教育ローンの書類を郵送することはなかった。そして、植森先生のもとに相談に訪れることもなかった。

子どもの将来のために

高校生が直面している奨学金の問題に、何かできる対策はあるのだろうか。

まず、親の側の意識の改革が必要だろう。大学の学費が高騰《こうとう》していることを正確に認識し、家計の収入を踏まえて、高校卒業後にかかる費用をどう工面するのか、考えておくことが重要だ。奨学金や教育ローンを借りる場合は、本人や保護者にとってどんなリスクがあるのか、将来の返済は可能なのか、親も基本的な知識を持っておく必要がある。

その上で、子どもとのコミュニケーションを大切にして欲しい。子どもの進学の希望はできるだけ尊重し、奨学金や教育ローンを借りる場合には、本当に返済できるのか、親子で話し合ってから決めて欲しい。

非正規雇用やひとり親家庭の増加によって、目の前の生活に追われて仕事が忙しく、子どもと十分にコミュニケーションをとる時間がない、という親は少なくないだろう。そうした親を思い、子どもが遠慮してしまったり、むしろ親を慮《おもんぱか》って自分で何とかしようとしてしまったりすることを、親が知っておいて欲しいのだ。

親にも奨学金など進学費用をめぐる制度について理解してもらおうと、ファイナンシャルプランナーなどを学校に招いて、説明会と同時に、相談会を設ける学校も現れ始めた。こうした親に向けた取り組みが広がっていくことも期待されている。

次に、学校がとるべき対応策はあるだろうか。今後は、各学校で奨学金や教育ローンについて、教師が十分に理解して、正確な知識と情報を生徒と保護者に伝えていく必要があるだろう。複雑な制度を把握する専門の教員を養成し始めている学校が増えているが、そうした学校側の対応も必須《ひっす》になってくるのではないだろうか。

その上で、生徒たちに対して、制度の基本的な知識や手続きだけでなく、具体的な返済の方法や借りることのリスク、滞納した場合の対処法などをきめ細かく指導していく必要がある。奨学金担当の教員だけでなく、他の教員も概要を把握し、何かあったら生徒たちの相談にのり、手続きなどでつまずいていたら、専門の教員につなげるなど、進学という大切な場面で生徒が大きな後悔を伴う結果を招いたりしないよう、支えていって欲しい。

また、教員の認識も改めなければならない。取材をしていて最も強く感じるのは、教員が生徒のことをどれだけ知っていて、どれだけ信頼されているか、という認識が生徒のそれと大きくかけ離れているということだ。

第五章で後述するが、生徒は家庭の事情や本人の悩みを教員に相談する割合が低い。つまり、困った時に頼れる相談先に教師を選ぶ生徒はほとんどいないということだ。

しかし、教員の側からは「何かあれば必ず相談に来てくれる。いざとなれば頼ってくれるはず」との楽観論が聞かれる。このギャップは、解決を遠ざけてしまう結果になりかねない。教員の側が、積極的に生徒が何に困っているのか、知ろうとすることが必要なのではないだろうか。

親に心配かけまいと、奨学金や教育ローンの手続きを自分ひとりで行っていた真央さんは、手続きの最中、困ったことがあっても、自力で乗り越えてきた。そんな真央さんを見ていてふと感じたのは、子どもが身近な大人に知られることなく、安心して相談できるサポート窓口が必要なのではないだろうか、ということだ。

もちろん、学校のスクールカウンセラーや保健室の先生が、その役割をカバーしている場合もある。しかし、学校という場ではなく、もっと開かれた場にそういった機能があってもいいのかもしれない。そうすれば、親に迷惑をかけたくないし、学校にも知られたくない生徒たちが救われる機会を増やすことにつながるのではないだろうか。

奨学金返済で結婚や出産ができない

高校生たちが社会に出る前に、大きな荷物として背負わされる奨学金――しかし、問題は、それで終わりではない。社会に出たあと、奨学金を返済している人の多くが、結婚や出産に大きな支障が出ていることも見えてきた。

奨学金の返済期間は長く、20〜30代の時期に長期間に渡って負担が続くことになる。この期間は、結婚や出産、子育てといった人生の大きなライフイベントと重なる。日本学生支援機構の奨学金の返済は、大学を卒業した後、社会人1年生になった7ヶ月後から始まる。返済期間は、借りた額によって異なるが、多くは13年間〜20年間と、かなり長期間に及んでいる。4年制大学を卒業して、23歳から返済を始めると、返済し終わるのは早くても36歳、金額が多かったり、ゆっくり返済することを選択したりすれば、43歳までかかる。

若い時、収入が低くて返せない場合には、返還猶予《ゆうよ》の制度を利用することになるわけだが、猶予期間は最大10年間認められているため、その制度を最大限使うと、46歳〜53歳まで返済し続けることになる人もいる。

前述した労働者福祉中央協議会のアンケートによると、奨学金の返済が結婚に「影響している」と回答した人が31・6%と最も高く、出産に「影響している」と回答した人が21・0%、子育てに「影響している」と回答した人が23・9%に上る。

しかも、いずれも正規雇用よりも非正規雇用のほうが高い比率になっているため、より所得の低い非正規雇用の労働者ほど、奨学金の返済が結婚や出産、子育てに影響していることが分かった。

雇用環境の改善も必要だが、奨学金に頼らざるを得ない日本の教育システムを同時に見直していかなければ、未婚者を増やし、少子化は止まらず、生活に余裕がもてない人たちを再生産し続ける結果を招きかねないのではないだろうか。

日本の奨学金は、政府による支援機構の奨学金がこれまで貸与のみであったこともあって、国際的に見ても教育ローン利用者の比率が圧倒的に高いことが指摘されている。

今後は、給付型奨学金の拡充とともに、その財源をどう確保していくのかが大きな課題だ。また、奨学金の利用率が高い背景には、大学の授業料が高騰していることも理由に挙げられる。親や生徒が負担する授業料を民間企業や大学側がどう支援できるのか、という点についても併せて検討していく必要があるのではないだろうか。

母親から届いたメール

２０１７年２月12日の午後９時、ＮＨＫスペシャル『見えない〝貧困〟』が放送された。渋谷の放送センターでオンエアを見届け、雑務を終えると夜12時を回っていた。

遅い夕食を摂《と》っていたら、深夜1時、番組を見た真央さんの母親から、ショートメールが連続で届いた。

「番組見ました。娘は、私たち親に対して言えていない不満や悩みが予想以上にあると思います」

「娘は計り知れないほどの不安と心労と、さまざまな気持ちでいっぱいなはずで…」

「あの小さな体で娘がいっぱい、いっぱいになっているんだろうなって、辛《つら》くなりました」

「また娘からも、連絡すると思います。縁があって、お知り合いになれたと思っております。益々《ますます》のご活躍を心より応援しています」（プライバシーに配慮し、一部要約）

番組を見て、普段知り得ない娘の気持ちを知って動揺していたのか、短い途切れ途切れの文面が連続で送られてきた。

自分の生活に精一杯で、娘の気持ちに気づいてやれなかった。娘の生活を守るために、必死で働いていたせいで、娘とのコミュニケーションのための時間を奪われ、十分に娘のことを考える時間を作ってこられなかったとすれば、それほど悲しいことはない。

子どもを支えることは、親を支えることでもある。娘が安心して母親に甘え、相談することを可能にするためにも、母親がその収入で家計を支えきれない場合、どういった経済的支援が必要なのか、親を支える視点も忘れてはならないのではないだろうか。

放送後、植森先生からもメールが届いた。植森先生も、放送を通じて初めて知った彼女の思いがあったと教えてくれた。

「ありがとうございました。今回、取材していただいた中で、色々とわかったことや考えたことがありました。『言えないことは、一番知って欲しいこと』と言います。彼女のメッセージは、世の中に向けてだけでなく、周囲にいる私たち大人へのメッセージだったのではないかと思いました。自分のしんどさをわかって欲しい、見て欲しい、と彼女は訴えているんですよね、きっと」

大学に合格

2月中旬、真央さんの志望校の合格発表の日を迎えた。朝から緊張して連絡を待っていると、夕方、真央さんからメールが届いた。

「合格しました！　無事、春から大学生です！」

その知らせに思わず声をあげて喜んだ。

さらに、最も心配していた入学金と1年目の前期の授業料、合わせて75万円は、親戚に借りることができたという。合格の知らせのメールには、番組を見た感想がつけくわえられていた。

「それと、番組見ました！『金、降ってこーい』は恥ずかしかったけど、リアルな感じが出てて良かったと思います」

放送後、真央さんに対して、視聴者から資金援助をしたいという申し出が相次いだ。

「自分の孫を見ているようで、いてもたってもいられない」

「75万円を今すぐ振り込みたいから銀行口座を指定して欲しい」

「お金のことで夢を諦《あきら》めるのを見るのは辛いから、匿名《とくめい》で資金援助をしたい」

など、視聴者からNHKふれあいセンターに電話で連絡が来たものや、知人を介して直接連絡が来たものを合わせると、少なくとも10件以上あった。テレビの影響力の大きさを改めて感じた。

しかし、真央さんに連絡してこのことを伝えると、「たくさんの人にそう言っていただけて嬉《うれ》しいです」と喜びながらも、きっぱりと資金的援助は断ると話してくれた。その言葉に、真央さんが取材を受けてくれた真意がにじんでいた。

「すごい額の借金ですけど、自分の力と家族の支えで大学を卒業して、返していきたいなって思いますし、自分は、ただ高校生の現状を伝えたかっただけなので、寄付とかそういうのを受けるのは、違うと思います」

真央さんは、「高校生がおかれた現状」を伝えたかったのだ。「見えない貧困」は、大人たちに見えていないだけで、高校生たちが貧困と闘っていることを知って欲しかったのだ。

そういう意味では、真央さんは、私たち番組スタッフと同志だった。支援の申し出があったことは、真央さんの思いが伝わった証《あかし》、そう思ったからこそ、具体的な支援より、その気持ちが嬉しかったに違いない。

第三章　アルバイトで家計を支える高校生たち

普通に見える高校生が……

働く高校生の現実をデータで裏付けるために、生徒たちへの調査を行いたい――私たちが取材の現場に選んだのは、千葉県内のとある公立高校だった。

朝8時を過ぎると、校門の前は登校してきた高校生たちであふれかえる。冬だというのに、コートを着ている生徒はほとんどいない。寒さをものともせず、朝日に照らされながら登校してくる生徒たちの姿は、希望に満ちあふれているように感じる。

朝の学校は、とにかく賑《にぎ》やかだ。生徒たちの笑い声が廊下にまで響き渡る。好きなアイドルのイベントに行ったことを興奮気味に語る生徒。恋バナに夢中になっているグループ。スマートフォンを片手に、好きな動画サイトを見ながらはしゃいでいる人。最近流行だというメイクの仕方を友達にレクチャーする人。休みに行ってきたという遊園地での話を、目をきらきらとさせながら語る人。

どこにでもある、ごく普通の高校の一場面だ。

この光景を見て、「子どもの6人に1人は貧困（取材当時）」という現実に思いをはせる人はいないだろう。一見すると、どの生徒も「普通」にしか見えないからだ。しかし、校長先生は私たちの取材にこう説明した。

「全校生徒のうち、ひとり親家庭は2割から3割いるし、生活保護を受けている家庭も一定数います。しかし、教師ですら、その子が経済的に困っているかどうか、普段、接しているだけでは分からないんです」

日常的に教室で接している「一番身近な大人」といえる教師でさえ、見えないのが高校生の貧困なのである。

実は、高校生に関しては、貧困の調査対象にもされず、これまで注目されてこなかった。義務教育の受け手である小学生や中学生の貧困問題が優先されてきたからだ。

しかし、子どもの貧困について長年研究してきた首都大学東京（現・東京都立大学）の阿部彩教授は、高校生の貧困問題は、「より見えにくい」からこそ、しっかり可視化して問題を把握していく必要があると指摘する。

「高校生は、アルバイトなどできる年齢にもなり、大人に半分入りかけている年代です。この時期にきちんと社会に送り出すという態勢ができていないと、貧困が再生産されかねないのです」

子どもが高校生になると、教育費がかさむため、家庭の負担は増すというデータがある。総務省の全国消費実態調査（資料1）によると、子どもにかかる教育費（部活動などを含んだ学校にかかる経費・文房具や参考書など）は、小学生が月約1万6000円であるのに対し、高校生になると、約7万9000円にもなる。この負担を親の収入だけでまかないきれず、子どもがアルバイトをするケースが増えているのだ。

私たちは、千葉県内の公立高校16校が同時に行ったアルバイトに関するアンケート調査に注目した。高校生がいる家庭の経済状況とアルバイトの関係性を明らかにしたいと思ったからだ。

生活費のために働く高校生が51％

２０１６年の秋から冬にかけて、千葉県の公立高校で実施されたアンケートに答えた高校生は、２５１５人。そのうち４割近い生徒がアルバイトをしていた。アンケート結果からまず見えてきたのが、アルバイトの時間が長い生徒が多いことだった。

週４日以上、働いているという生徒は44％（小数点以下切り捨て）、アルバイトをしている生徒の半数近くに上っている（資料２①）。

さらに、平日のアルバイト時間を聞くと、４時間以上と答えた生徒が46％にのぼっ

資料１　子どもの教育にかかる費用（総務省全国消費実態調査より）

小学生　１万６０２０円

中学生　５万６３７７円

高校生　７万９７９５円

資料２

①アルバイトの日数

週１日	２日	３日	４日	５日以上
3.7％	16.2％	34.4％	29.6％	15.1％

②平日のアルバイト時間

３時間未満	３時間〜４時間未満	４時間〜５時間未満	５時間〜６時間未満	６時間以上
10.2％	38.7％	34.0％	10.2％	2.5％

資料３　アルバイトの目的（複数回答）

①家計のため	②携帯・衣服など生活費	③貯蓄	④進学費用	⑤友達との交流（カラオケなど）のため
11.1％	51.5％	51.7％	18.6％	75.2％

たのだ（資料2②）。平日学校が終わるのは、大体4時すぎだとすれば、夕方5時からアルバイトをして夜9時まで働いていることになる。しかも、週の半分がアルバイトに費やされることになると、部活や勉強に使う時間が必然的に制限されてしまう。

では、高校生たちは何のために働いているのか。

複数回答でアルバイトの目的を聞いた設問に対して、カラオケなど友達との交流のためという回答がもっとも多く、75％。さらに、「貯蓄」が51％、携帯代や食費、参考書など「生活費のため」と答えた生徒が51％にのぼっていた。続いて、進学費用のためという答えが18％、実家の家計に入れているという答えも、11％に及んでいた（資料3）。この結果から分かるのが、親に迷惑をかけないため、自分にかかる費用は、自分で稼いでいる高校生が多いということだ。

高校生たちは、お小遣いをもらえなくて当たり前だと思って、アルバイトに精を出している。学習参考書、友達との外食費など、自分にかかる費用は自分で稼ぐものだと思っているのだ。

かつて高校生のアルバイトといえば、お小遣いでは足りない、例えば趣味の楽器を買うなどといった、お小遣い以上に贅沢《ぜいたく》をするため、という印象があった。しかし、アンケートの結果から導き出されたのは、あくまでも「生活費のため」に働く高校生が増えている、ということだった。

お金がないと友達と遊べない

放課後、私たちは、高校生たちが帰って誰もいなくなった教室で、話を聞かせてくれることになった女子生徒と待ち合わせをした。

「お待たせしました」

爽《さわ》やかな声と共に教室に入ってきたのが高校3年生の充希《みつき》さん（仮名）。アンケートの自由記述欄には「お金がないと友達と遊べないのが辛《つら》い」と書いてあった。充希さんがどのような思いで書いたのか、聞いてみたいと思い、学校側に頼んで紹介してもらったのだ。

充希さんは、父と母、兄との4人暮らし。父親の仕事は不安定で、働いていない時期もあった。母親がパートで働き、家計を支えているが、生活に余裕はなく、友達との交際費や、生活費のためにアルバイトをしている。アルバイトは平均週4日だが、忙しい時などは、週6日から7日、働いている。

「レンキン（連勤）はさすがにきついですよ」

レンキンとは、一週間、休みなしで働くことだ。それほど辛いなら、友達との交際費を少し節約すればいいのではないか、と思う人もいるだろう。「交際費を稼ぐためにバイトするのは、貧困とは言えない」と感じる人には、高校生の現実を知って欲しい。お小遣いをもらえない高校生たちにとって、アルバイトで交際費を稼ぐことこそ、学校生活にも友人関係を保つためにも欠かせないことなのだ。

中学生までは、公立の場合は、ほとんどの生徒が同じ地区から通っているため、集まる場所も徒歩圏内で、お金がかからないというのが普通だ。しかし、高校生になると、遠方から通って来る人もいて、どこかで待ち合わせをするとなると、交通費がかかってしまう。

行動範囲が広がるだけでなく、外食を伴ったり、カラオケや遊園地など、お金のかかる遊びに誘われる頻度も増え、「お金がないから行けない」とは言いにくい状態で、友達と同じように出かけたり、誕生日をお祝いしたりすると、どうしてもお金が必要になる。

「どこか行こうと誘われたとき、お金がないから断るしかないと思うことはある。でも、自分だけお金がないからカラオケに行けないなんて言えないですよ」

充希さんは、誘いを断り続ければ、友達同士の関係が続かなくなると、不安に思っているようだった。

高校生にとって、友達関係をうまく築けるかどうか、それが高校生活を大きく左右する。

「友達付き合いが悪いと思われ、誘われなくなったらどうしよう」「お金がないと思われ、同情から避けられたらどうしよう」など、経済的に余裕がないために、友達との関係が維持できない状態に陥りたくない、という生徒は増えている。

アンケートの結果を見ると、家計が厳しい高校生ほど、自分の経済状況を隠したいという傾向がはっきりと見えてくる。お金に困っても誰にも相談しないという人は、家計にゆとりがあると感じている人で14％なのに対し、家計が苦しいと感じている人は29％だった。また、家計が苦しいのに相談したことがないという人に理由を聞いてみると、「自力で解決するしかない問題だから」と答えた人が63％となった（資料4）。

経済的に困っている状況を誰にも相談せず、自分のアルバイト代で何とか解決しようとするため、友人や教師であっても「貧困」には気づけず、ましてや外から見ると、高校生の経済的な困窮度は見えにくくなっているのではないだろうか。

「働くことが多くてしんどい」

取材に訪れていた時、教室でひと際《きわ》大きな笑い声を響かせていたのが、高校2年生の絵里香さん（仮名）だった。

スマートフォンで気になるタレントの動画を見て、友達とはしゃいでいる絵里香さんは、いつも友達の輪の中心にいる、明るく闊達《かったつ》な女子高生だった。原宿などで見かけるような、流行の可愛《かわい》いモノが大好きだという、ごく普通の女の子だ。

絵里香さんが鞄《かばん》の中から出してくれたのは、マニキュアや化粧品など、「可愛くなるためのグッズ」だった。友達も同じようにメイク用品などを持ち歩いているという。

「こういうの、プチプラっていうんです。かわいいけど安いものを探すのに必死で」

プチプラとは、「プチプライス」の略称で、コスメやファッション雑貨など、女の子が可愛くなるための商品のうち、普通のメーカーやブランドの商品よりも格段に安い値段で手に入れることができるラインアップを指す言葉だ。

絵里香さんは、化粧品やオシャレ雑貨などは、100円ショップなどを探し回り、できる限り安いものを買うことで節約している。「お金がないから買わない」という

資料4①「お金に困っても誰にも相談しない」割合

家計が苦しいと感じている	29.2%
家計にゆとりがあると感じている	14.1%

②家計が苦しいのに相談しない理由

自力で解決するしかない問題だから	63.3%

選択ではなく、「できるだけ安く手に入れる」という選択をするところに、女子高生たちの前向きなたくましさを感じ、微笑《ほほえ》ましくもなった。

絵里香さんも、シングルマザーの母親にできるだけ負担をかけたくないと、お小遣いはもらわず、節約しながら日々、生活している。しかし、自分のアルバイト代の範囲内で、お洒落《しゃれ》も楽しんでいるという。それを可能にしているのが、プチプラやファストファッションだ。

化粧品が100円ショップで手に入るだけでなく、流行の洋服を買っても、千円札でおつりがくるようなお店も出現している。こうした安い商品が広く出回ったこともあって、外見上は貧困を覆《おお》い隠すことにもなっているのだろう。

高校生たちは、たとえ生活が苦しくても、なるべく自分を普通に見せようと、上手に装《よそお》う。外見から、生活状況が分かりにくいのは、こうしたことも大きく影響しているのではないだろうか。

では実際、アルバイトをして、家計を支えている高校生たちの暮らしはどういうものなのか。絵里香さんに密着取材させてもらうことになった。

２０１7年1月、真冬の朝6時すぎの駅のホームには、冷たい風が吹き込み、少し立っているだけで足元から冷え込んでくる。アルバイトに行くために、駅にやって来た絵里香さんは、冷え込みが厳しいこの朝も、制服にマフラーを巻いただけ――コートも羽織らず、スカートから素足がのぞいている。

「おはようございます」

元気よく挨拶《あいさつ》してくれた声も、わずかに寒さで震えているように聞こえた。

「マフラーだけ？　コートは？」

「コートは着ないです。節約です。でも、寒い！」

絵里香さんは思わず、足を抱えて屈《かが》みこんでしまった。

この日は日曜日。普段は、学校から帰宅途中に立ち寄るアルバイト先へ、家から直接、電車で30分ほどかけて向かうことになっていた。平日はもちろん、土日もアルバイト三昧《ざんまい》で疲れがたまっているのだろうか、電車に乗ると、すぐに眠りについてしまった。

駅に着くと、途端に目が覚めたのか、今度は一目散にアルバイト先に向かって走り出す。そのギアの切り替えの早さに私たちは、置いてきぼりになるところだった。

絵里香さんがアルバイトを始めたのは、高校1年生のときだ。母親に迷惑をかけないために、中学生の頃から「高校生になったらアルバイトをしよう」と決めていたという。そのため、高校へ進学すると、アルバイトに専念するため、中学で3年間続けていた部活も諦《あきら》めてしまった。

絵里香さんがアルバイトしているのは、駅近くにある飲食店だ。朝早くから、モーニングを食べに来る常連客でにぎわっている。絵里香さんも顔なじみの常連客とは笑顔で会話を交わしながら慣れた様子で接客していた。そして、きびきびと注文をとり、すぐに厨房《ちゅうぼう》に伝える。教室で見せる姿より、少し大人びて見え、頼もしくも感じる。

アルバイト代を何に使っているのか、内訳を聞くと、友達との交際費のほかに、交通費、食事代、洋服代といった生活費は、すべて自分でまかなっている。もちろん、親からのお小遣いはもらわずにやりくりしているため、いつも節約のことを考えているという。

この日の昼食は、アルバイト先で休憩時間に割引で食べることができるランチ。選んだメニューは、パスタとメロンソーダだった。

「炭酸だとお腹《なか》が膨れるからいいんですよ」

そう笑いながら話す絵里香さん。いつか、大人になって働くようになったら、好きなモノを好きなだけ食べて欲しい、と心からエールを送った。

バイト先の飲食店で、昼の忙しいランチタイムを乗り切り、午後2時、シフトはようやく終わった。しかし、絵里香さんは飲食店の扉を出た瞬間、またも一目散に走り出した。アルバイトはひとつではなかったのだ。

向かった先は、走って2分の場所にあるコンビニ。実は、飲食店とコンビニのアルバイトをふたつ掛け持ちしていた。休日は一日8時間、平日も一日4時間働く生活で、月のアルバイト代はおよそ8万円になる。

絵里香さんが必死に働く理由は、自分の生活費のためだけではなく、もうひとつ大きな理由があると、ある日、打ち明けてくれた。

「お母さんに言っていないんですけど……私、専門学校に行きたいんです」

母親に打ち明けられない理由は、お金のことで心配をかけたくないからだった。

「お母さんは就職するものだと思っている。専門学校に行くと言えば、お金がかかるから無理と言われるかもしれないし、金銭的負担をかけてしまうかもしれない。でも、まだあきらめたくなくて、まず自分にできることは貯金なのかなって」

絵里香さんは、母親に自分を進学させる経済的余裕がないことも知っているし、できれば就職して欲しいと願っていることも知っていた。だからこそ、進学したいという本音を親に伝えられずにいた。

高等教育の無償化が叫ばれる理由のひとつとして、絵里香さんのように経済的に苦しい家庭の子どもたちが、将来の選択肢を狭められてしまっている現実がある。

私立大学の授業料は平均で年間86万円余、国立大の授業料は53万円余にのぼる（2015年度）。さらに施設利用料なども加わるため、私立大学では支出が100万円を超えることも珍しくない。

また、専門学校でも、授業料や実習費などを加えると100万円を超えるケースもある。進学は、大きな経済的負担を伴うのだ。今回のアンケート調査でも、進学費用を親に頼ることができず、奨学金やアルバイトで賄《まかな》うと答えた人は、全体の55%に及んでいた（資料5）。

飲食店とコンビニのアルバイトを掛け持ちしている絵里香さんの仕事終わりは、遅い日だと午後10時過ぎになる。密着ロケの最後、ようやく帰路についた絵里香さんに、どうしてこんなに働くのか、聞いてみた。

「お母さんのため」

すぐに、その言葉が返ってきた。親を思う気持ちの強さに圧倒された。そして、彼女はこう続けた。

「自分の生活費を自分で稼げば、お母さんが楽になるから」

これから帰っても、疲れて勉強をするどころではないだろう。絵里香さんの休日は、働いて、それだけで終わってしまった。別れ際、彼女は私たちに笑顔で手を振りながら、こう言うと、背を向けて帰っていった。

「お風呂《ふろ》入って寝ます。ばたんってすぐに倒れちゃうと思う」

絵里香さんのように、同居している高校生のアルバイト代によって世帯収入は全体的に底上げされることになる。そのことで世帯収入の数値が「相対的貧困」の水準を上回るケースも少なくない。例えば、3人家族の相対的貧困ラインは年収211万円、月にすればおよそ18万円だ。親の収入が15万円であれば相対的貧困だが、高校生の子どもがアルバイトで毎月5万円稼ぐと、世帯収入は20万円になってしまい、相対的貧困ラインを超えてしまう。子どものアルバイト代が貧困を見えにくくし、「6人に1人」という相対的貧困のカテゴリーには入らないため、実情が数字に現れず、表から見えないということもできる。

資料5　進学費用をどうやって賄うか	
親が全額払う	45%
一部を奨学金で払う	40%
全額を奨学金やアルバイトで払う	15%

親のため、家族のため、必死になって働く彼らの行動が、「貧困」を見えにくくしているとは、なんという皮肉だろうか。

アルバイトで成績が下がった

無理のない範囲でアルバイトをするのは、高校生にとって、視野を広げる社会経験にもつながる。また、「働く」という経験は、将来の自分の進路を考える意味でも悪いことではない。

しかし問題なのは、アルバイトによって、学生の本分である学業に深刻な影響を与えてしまう場合だ。

年の瀬の郵便局。年賀状の仕分けで忙しいこの時期、働きたい学生にとっては貴重な稼ぎ時だ。普段は、アルバイトをしていない高校3年生の美鈴さん（仮名）も、年賀状のアルバイトは期限を区切られているので安心できるからと、参加した。

「学校が休みの時期のアルバイトなら、学業に支障出ないですから」

美鈴さんがこう言ったのには理由がある。高校1年生から2年生にかけて、アルバイトをしたことで成績が下がってしまったことがあるからだ。美鈴さんも母子家庭で育ち、小学生の弟がいるため、少しでも親の負担を軽くしたいとアルバイトを始めたはずだったが――。

「アルバイトをすると、疲れて勉強時間が減っちゃって……。成績が、がくんと下がってしまったんです」

気まずそうに、そう教えてくれた。今回のアンケート調査でも、アルバイトが勉強時間など、学業に影響しているという答えは目立って多かった。

「お金が欲しいし、勉強もしたい。毎日のようにアルバイトに出ているからなかなか疲れがとれない」

「平日アルバイトすると眠くて授業に集中できない」

さらに、アルバイトをしている人のうち、学校を辞めたくなるほど悩んだことがあると答えた人は31%にのぼった。その理由を見てみると、

「勉強についていけなくなった」

「アルバイトによって通学時間を確保するのが困難」

という回答が多かった。

なぜ、アルバイトと学業の両立が難しかったのか。

さらに美鈴さんに話を聞いていくと、勉強に支障が生じたのは、本人の意思ではなく、企業側の都合で長時間労働を強いられる、いわゆる「ブラックバイト」の実態が広がっていることも要因のひとつだと分かった。

「実は、試験期間中にもシフトを入れられてしまったんです。一番勉強しないといけない時期だから、休みを欲しいと言ったのですが、受け入れてもらえなくて……」

美鈴さんは、バイト先の都合で休みがもらえず、学業に支障が出てしまったという。

アンケート結果を見ても、アルバイトをしている人のうち、

「勝手にシフトを入れられる」

「あらかじめ定められた休日に休めない」

など、トラブルを経験した人は29％となっている（資料6）。

「高校生を〝バイト優先、学業後回し〟にするようなバイト先なら辞めればいいではないか」

という声もあるが、そう簡単にはいかない。

高校生たちがアルバイト先に選ぶ頻度の高い飲食店やコンビニなどのサービス業では、慢性的に人手が不足している。そのため「試験だから一定期間、休みたい」とか

「休みがとれないなら辞めたい」などと言っても、「休まれたら困る」「辞められると経営が成り立たない」と主張され、聞き入れられない場合があるのだ。とりわけ、まじめで責任感が強い生徒ほど「自分がいないと店がまわらない」と考え、休みをとったり、辞めたりできない、ということもある。

美鈴さんは、あきらめたように、こうつぶやいた。

「働かないと生活できない。でも、働いて学業に支障が出てしまったら、なんのための高校生活なんですかね」

高校生の「生活困窮」に気づかない教師たち

「外見だけ見ても、みんなスマートフォンは持っているし、化粧もしっかりしているし。経済的に苦しいかどうか、気づくのはどんどん難しくなっていますよね」

長年、公立高校で生徒に接してきたある教師は、そう語ってくれた。

教師を対象に行われたアンケート調査からも、大半の教師が同じように「気づけない」「気づかない」傾向が浮かび上がってきた。

首都圏の高校教師254人から回答を得たアンケート調査では、教師の76％が、高

資料6　アルバイト先でのトラブル（複数回答）

長時間労働を強いられる	6.8%
あらかじめ定められた休日に休めない	8.4%
勝手にシフトを入れられる	14.3%
何らかのトラブルを経験した	29.7%

校生が経済的に苦しい状況にあるのかどうか、気づくのは難しいと答えた（資料7）。

なぜ気づけなかったのか——自由記述欄を見てみると、「廉価《れんか》な服や文具も多く、外見からは分かりにくい」「生徒は家庭の事情を隠したがるため、見えにくい」という声が多くあった。また、義務教育課程と違い、高校生になると家庭訪問をしない学校が多く、家の中の様子を知る機会がないことが遠因だとする指摘も聞かれた。

では、教師たちはどのような時に高校生の家庭の経済状況を知ることができるのか。アンケートでは、奨学金の申請で気づいたという回答が最も多く67％。一方で、普段の服装を見て気づいたという人は35％、遅刻している様子を見て気づいたという人は16％、授業中に寝ている様子を見て気づいたという人も16％にとどまった。

自由記述欄には、

「遅刻が多いので注意していたが、家計を支えるためにアルバイトをしていた」

「欠席の多い生徒をさぼりと勘違いして接し、弟や妹の世話などによるものだと知らされたとき、ようやく気づきました。今でも、とても反省しています」

などと、気づかずに接してきたことを後悔する教師たちの声が数多く寄せられた。遅刻や授業中の居眠りから、それが経済的な理由だと気づくのは難しいだろう。もし、疑問を感じたり、おかしいと感じることができたりしても、本人に確かめたときに本当のことを言わない可能性もある。

実際、ある教師は、遅刻や休みが増え、単位を落としそうになった生徒に対し、「どうしたのか?」と問いただしても「これからは頑張ります」と言うだけだったという。結局、それ以上追求することはできず、学校を中退することを止められなかったと悔やんでいる。

ただでさえ、授業以外に部活や雑務に追われ忙しい高校の教師が、生徒の様子に気を配り、ひとりひとりの声にじっくりと耳を傾けることは、そもそも難しい。

話を聞くことができたある教師は、授業が終わった後、しばらく教室に残り、生徒たちと雑談をする時間を持つように努めていた。何気ない雑談の中から、生徒たちの普段の状況を知り、困っていることがあれば、寄り添いたいと思ったからだ。しかし、

資料7　教師へのアンケート

①高校生の家庭状況が厳しいかどうか、気づく事は簡単だと感じますか？

はい	18.5%
いいえ	76.4%

②どのような時に、高校生の家庭が経済的に恵まれていないと気づきますか？

奨学金の申請のとき	67.7%
親と面談して	50.0%
普段の服装を見て	35.4%
昼食を見て	27.2%
相談を受けて初めて	23.6%
遅刻している様子を見て	16.5%
授業中に寝ている様子を見て	16.1%
中退したとき	15.7%
その他	26.0%

職場の同僚からは「生徒とおしゃべりして、意味があるのか」と厳しい意見が向けられたこともあったそうだ。それでも生徒との日常的な触れあいを増やすしかない、と主張する教師は、疲れた様子でこう、こぼしていた。

「生徒から信頼できる大人だと思ってもらえないと、子どもたちの本音は分からない。しかし、今の高校の現場は、教師が忙し過ぎて、本来あるべき姿から逆行してきているのではないか」

働き方をどう教えるのか――ある高校の模索から

千葉県内の公立高校で行っている公民の授業を取材することになった。教壇に立った教師はおもむろにこう切り出した。

「学業に支障が出ても、生活のためにはアルバイトをしないといけないという高校生の声。みなさんはどう思いますか？」

この高校では、授業を受ける生徒たちにアルバイトの実態調査を行い、その結果をもとに授業を行っている。高校生たち自身に、同年代の現状をまずは知って欲しいという思いで、始めたという。

教師の問いかけに、生徒たちからは様々な意見が飛び交った。

「バイトをしないと生活できないのだから、背に腹は代えられないのではないか」

「アルバイトをしないと生活できない、でも、学業をおろそかにすると希望する大学に行けない」

「そもそこまでバイトをしないと生活できないって、おかしいのでは」

授業を受けた高校生たちは、「自分たちがなぜ、働いているのか」、そして「働いていることで高校生活が犠牲になっていないのか」と、簡単に割り切ることができない、この問題の難しさに徐々に気づかされていった。

授業では、働くことの意義を生徒にしっかり認識してもらう一方で、ブラックバイトに巻き込まれたらどうするのか、など、実際のバイト現場で起きている問題にも触れて、生徒自身に考えさせるようにしていた。こうした授業を通じて、アルバイトで困ったことがあったら、相談して欲しいということも改めて伝える意義が大きいという。

そもそも、生徒たちは、何か困ったことが起きても、教師や学校に相談を持ち込むことはまれだ。だからこそ、教師のほうが子どもたちのSOSに気づくことができるようにしていくことが課題となる。いま、高校にもスクールカウンセラーを配置して、教育と福祉の連携を目指す動きも出始めているが、そのような学校はまだ少ない。

様々な模索が始まる中、保健室で生徒のSOSを受け止めようとしている学校があると知り、取材で訪れた。

北海道のある高校では、養護教諭を中心に、経済的な問題だけでなく生徒の抱えるさまざまな悩みを把握し、解決に結びつけられるように、相談に応じようと取り組んでいた。

「保健室こそ、子どもたちのSOSに気づく現場ですよ。まずは保健室で高校生たちの様子を見てください」

公立高校で長年働いてきたベテランの養護教諭は、さっそく「現場」である保健室に案内してくれた。そのとき、休み時間を知らせるチャイムが鳴り響いた。すると、すぐに保健室の扉をたたく音。

「先生ー。携帯を充電させてー」

「保健室は充電する場所じゃないのよ」

そう言いながら、やってきた女子高生と雑談する。その女子高生は、休み時間いっぱい保健室で過ごし、教室へ戻っていった。その姿を見送った後、養護教諭は保健室の意味を語り出した。

「彼女の居場所が、ここ（保健室）なのよ」

この日やってきた女子高生は、シングル家庭だった。仕事で親は忙しく、家には居場所がない。そんな彼女が甘えられるのがこの保健室なのだという。この教諭は、生徒が訪ねてくると、雑談したり、一緒に過ごしたりする中で、問題を発見していくという。

例えば、「なんかダルい」と言ってきたとある生徒。よくよく話を聞いてみると、

「実は夜中までバイトをして、疲れちゃって」

家庭が経済的に苦しく、アルバイトをして稼いでいることが分かった。

もちろん、ただ耳を傾けるだけでは、その人の抱える家庭の事情が解決されるわけではない。しかし、困難を抱える高校生は、多くがほかの人に話せず、孤立してしまう。そういう意味で、「まずは彼らの悩みを受け止める」ということが重要なのだろう。そして、受け止めてもらえるからこそ、この保健室が高校生たちにとって安心できる居場所になっているのだと感じた。

長年、保健室で生徒に向き合ってきた養護教諭には、忘れられない生徒がいる。幼い頃に母親を亡《な》くした女子生徒のことだ。保健室に毎日顔を出して、ぼやき続けてい

た。

「生まれてから今までいいことなんて一つもなかった。これからもないと思うから早く死にたい」

その女子生徒は、保健室に来るようになった3ヶ月後、中退してしまったが、そのあとも養護教諭との関係は続き、何かあるたびに保健室を訪れた。

「お金がなくなった」

「妊娠した」

「学校にまた通いたい」

と何か困ったり、悩んだりするたびに、保健室にやって来た。どんな形であれ、学校を離れて不安定な若者に寄り添う大人がいたことは、大きな意味があっただろう。

しかし、一人の教師ができることには限りがある。

子どもや若者の貧困問題に長年、携わってきた放送大学客員教授・名誉教授の宮本みち子さんに、どうすれば子どもたちを救えるのか、対策のヒントとなる考え方を聞いた。

「教室の中だけで生徒の深い事情はなかなか分かりにくい。ぽろっと生徒たちが困っているサインを見せるような仕掛けを作り、そこにアンテナを持っている人たちがい

ぶり奨学金とは？

人口1万人ほどの小さな町、鹿児島県長島町。ここで2016年から始まったのが「ぶり奨学金プロジェクト」だ。町で育った子どもたちの多くが、都会に出てしまい、地元に戻ってこないという危機感から始まり、優秀な学生たちに、故郷に戻ってもらうことが狙《ねら》いだ。

「ぶり奨学金」を借りて大学などに進学した学生が、町にUターンして戻ってきて、就職した場合、授業料として貸した奨学金の返済をすべて免除するという制度である。

このプロジェクトのユニークさは、その財源にある。実は、長島町はぶりの養殖で有名な町だ。そこで、ぶりが1匹売れた場合、1匹につき1円を寄付金として集めるなどしたお金を財源にしている。

同様のプロジェクトは、他の自治体にも広がっている。同じぶりの特産地である、富山県氷見《ひみ》市も、長島町と共同で、ぶり奨学金の推進と研究を行うことが決まった。

このプロジェクトを仕掛けたのは、まだ30歳という若さの副町長、井上貴至氏（当時）だ。東京大学を卒業後、総務省に入省し、地方創生人材支援制度で長島町に赴任してきた。井上氏は、記者会見の場で「ぶりは回遊魚であり、出世魚でもある。ぶりのように、若い人たちが都会で学び、故郷のリーダーとして戻ってきて欲しい」と話している。

奨学金返済支援プログラム

さらに、奨学金の返済を大学在学中から支援するプログラムもはじまっている。このプログラムの魅力は、奨学金だけでなく、入学金を支払う支援も同時に可能にしている点だ。

「大学に合格したが、入学金を払えない」という理由で、進学を断念してしまう人も少なくない。授業料を貸与する奨学金は入学前に支払われないためだ。

そこで、入学前に必要な費用を貸し出すだけでなく、在学中に借りた奨学金の返済も手助けするという新たな仕組みを立ち上げたのだ。プログラムに協力したのは、人材不足が深刻な介護業界だ。学生アルバイトに介護業界で働いてもらい、人材を確保しようと、新たな仕組みを作ったのだ。

この仕組みでは、まず「働き手が欲しい介護施設」と「進学費用などに困っている学生」を入学前にマッチングし、介護施設から学生に入学金などを貸し出す。無事に進学した後、大学在学中は、介護施設で働いてもらい、その給与から奨学金を返済していくという仕組みだ。

働く時間は、特に人手不足が深刻な早朝、夜勤、泊まり勤務の時間帯が中心となる。実は、この時間帯は時給が高くなり、学生にとっては、授業時間ともぶつからず、効率よくお金を稼いでもらうことができる。

この仕組みを考案した株式会社「介護コネクション」の代表、奥平幹也さんは、「人手は足りていないけれど時給が高いアルバイト、お金に困っているけど時間は自由な学生。2つをマッチングできないか」と考えたという。

この制度を利用して介護施設でアルバイトしながら大学へ通う男子学生を紹介してもらった。タカシくん（仮名）は、高校3年生のときに父親が病気で倒れ、大学の入学金が工面できなかった。そのとき、高校の先生に勧められ、この制度の利用に踏み切った。介護施設から入学金など80万円を借りて進学した。在学中は、日本学生支援機構から240万円の奨学金を授業料として借り入れた。

夜間大学に通うタカシくんは週5日、早朝の6時から9時の3時間アルバイトしている。早朝で時給が高く、収入は月16万円になる。しかも、昼間の時間帯は勉強や趣味などに使うことができる。

プログラムでは、アルバイト代から毎月5万円を奨学金の返済分として預金していく。タカシくんは、卒業と同時に全額返済の目処《めど》が立った、と話してくれた。

「この制度がなければ、そもそも大学に行けなかったかもしれない。しかも、アルバイトと学業の両立を支援してもらっているので、とても働きやすい。将来は、介護の知識を生かした仕事につきたい」

優秀な人材を募集する企業などが、学生に「卒業後の就職」などの条件で奨学金を支援する動きも、ますます加速している。進学を希望する高校生が、こうした情報をキャッチし、進学の可能性が担保されるよう、社会全体が環境を整えていくことも大切だろう。

第四章　「子どもの貧困」最前線を追う

子どもたちの「見えない貧困」

高校生が働かなければ、家計を支えられないという現実に直面した私たちが、次に発見した「見えない貧困」は、小中学生たちにも「相対的貧困」が「見えないまま」広がっていることだった。同じタイミングで、小中学生の「見えない貧困」を、全国の自治体などが大規模調査によって、「見える化=可視化」しようとしていることも分かった。自治体にとっては、支援策を具体的に立案していくために、貧困を可視化する必要があったのだ。

相対的貧困の状態におかれた子どもは、6人に1人（取材当時）。彼らは何に困っているのか。どのような権利を奪われているのか。どんな機会を持てずにいるのか——。これまで漠然としたイメージだけで語られてきた貧困を可視化した上で、対策につなげようと全国の自治体が調査に動き出すことになった。

子どもの貧困対策の推進に関する法律（子どもの貧困対策法）成立から3年、ようやく「見えない貧困」の実態を解明しようと動き出した自治体。私たちは、その調査の最前線に密着し、専門家とともに、相対的貧困をさらに取材することにした。

そして「相対的貧困」におかれた小中学生の家族に密着取材を行い、調査結果をより手触りのある形で「可視化」して伝えるべく、動き出したのである。

ある親子との出会い

２０１６年の冬、西日本の小さな駅に降り立った。時刻は午後7時をまわり、すでにあたりは暗くなっていた。海に近いせいか、風がとても冷たく感じる。駅前は閑散としていて、ロータリーから少し離れたところに寂れたビジネスホテルが見える以外は、コンビニエンスストアがぽつんとあるだけの心細い景色が広がっている。

駅から歩いて15分ほどで待ち合わせの喫茶店に着いた。ここで、ある親子と会う約束をしていた。約束の時間を過ぎてしばらくすると、２人の女性がやってきた。

「こんばんは。お待たせしました」

高校3年生の舞さん（仮名）と、母親の陽子さん（同）、２人とも笑顔の素敵な親子だ。陽子さんは、遅刻を詫《わ》びながら着席した。

「仕事で遅くなってしまってごめんなさい」

陽子さんは高校生の娘がいるとは思えないほど若く見える。２人とも、すらりとしてスタイルが良く、遠目から見るとまるで姉妹のようだった。陽子さんは、舞さんが幼い時に離婚し、女手ひとつで長女の舞さん、中学3年の長男、小学5年の次女と、子ども3人を働きながら育ててきた。仕事は、歯科医院の受付のパートだ。時給870円で週に5日間働いて毎月の手取りは約14万円になる。児童扶養手当などを合わせると、月収は約20万円。そこから家賃や光熱費などを引くと、ほとんど手元に残らず、生活はかなり厳しいという。

「うちは本当にお金ないです」

陽子さんはそう言いながらも、明るい笑顔を見せた。お金で苦労している様子は微《み》塵《じん》も感じられない。「貧困」という、マイナス要素を持つ言葉からイメージされるのとは全く逆の、本当に明るい女性である。「貧しいことが苦しいこと」だと、うつむいたり後ろ向きになったり、という印象は全くない。むしろ、生活が厳しい状況にあることを私たちには隠そうとせず、それを吹き飛ばすような明るさとたくましさを感じさせる。

しかし、そんな陽子さんでも母親として、どうしようもなく苦しい思いにかられることがあるという。それは、子どもたちに「何かを我慢させる」瞬間だった。

「子どもたちには、お金がないことで、すごく苦労をかけています」

経済的に厳しい家庭では、子どもたちに何かを我慢させたり、負担をかけたりしてしまう――それこそが、外からは見えない「子どもの貧困」の正体だった。

貧困を見せないようにする

陽子さんの家族を密着取材したことで、外からは見えない貧困が、家庭の中に入り込んでみると、「見えてくる」ことが分かった。そして、外から「見えない」理由として、本人たちが「見せないようにしている」ということも分かってきた。

母親の陽子さんがいつも朗らかで笑顔を絶やさないからだろうか、陽子さんの家族は、子どもたちも明るく、その笑顔に無理している様子は全くない。経済的に厳しくても、笑顔にあふれる毎日を過ごせるのは、なぜなのだろう――。

２０１７年１月中旬、ディレクター、カメラマン、音声マンが、撮影ロケのため陽子さんの自宅を訪れた。

チャイムを鳴らすと、「どうぞ」と、仕事が休みで家にいた陽子さんが迎えてくれた。夕方だったため、３人の子どもたちも学校から帰ってきていた。

玄関から入ると、6畳ほどの子ども部屋があり、突き当たりに母親の部屋、左に入ると、ダイニングキッチンで、その奥にリビングがあった。家賃は約6万円で、間取りは3LDK。とても綺麗《きれい》に片付いた家だった。

室内を見渡して、正直驚いた。キッチンには大きな冷蔵庫、電子レンジ、炊飯器、ファンヒーター、ダイニングテーブルなどが並び、リビングには、大型テレビにDVDプレーヤー、ピアノ、エアコン、コンポなど、立派な家具や家電が並んでいる。暮らしぶりを見る限り、とても「貧困」とは思えず、どこにでもある一般的な家庭のように思えた。

「本当に貧困が見えてくるのだろうか」

不安がよぎったが、そもそも見えにくいからこそ深刻なのだと思い直し、密着ロケをスタートした。

夕飯の支度をしようと台所に立った陽子さん。メニューはシチューだという。冷蔵庫から取り出した鶏肉を見ると「お買い得品」のシールが貼《は》ってある。お買い得品を多めにまとめて買うのが節約のコツだといい、大きな鍋《なべ》で家族4人が3日間、食べることができる量をまとめて作っていた。食費は、1日1000円以下に抑えるという節約ぶりだ。

「シチューやカレーを鍋にまとめて作って、3日かけて食べています。子どもたちも3日食べることに慣れているので」

この夜は、家族全員で食卓を囲んだ。

「いただきます」

夕食のメニューは、シチューと茹《ゆ》でたブロッコリーの2品。育ち盛りの子どもたちは、少し物足りない様子だったが、食卓を囲む家族は明るく、笑いを絶やすことはなかった。

もらいものに囲まれた生活

夕食を終えたところで、陽子さんに家具や家電が揃《そろ》っていて驚いたことを恐る恐る伝えてみた。

「ほとんどが人からもらったものか、前の家から持ち込んだものなんです」

家具や家電は、新しく購入したものはまずない。人から譲ってもらったものばかりだという。陽子さんは、部屋を見渡すと、あちら、こちらと指さしながら解説してくれた。

「これも、あれも、もらいものだし」

こたつやピアノ、DVDプレーヤーは全《すべ》て譲ってもらったものだ。

「え、誰にもらったの？　買ったんだと思ってた」

子どもたちも知らなかったようで、母親の言葉に驚いていた。

「知らんやろ。お金がかかっているものって、ほとんどないのよ」

節約自慢をしたら止まらない陽子さんは、そう言いながら少し胸を張った。エアコンは取り付ける工事代を節約するために知人にお願いして設置してもらった。しかし、電気代がかかるため、全く使っていない。

大型テレビは、それまで使っていたブラウン管テレビが、地上デジタル放送に切り替わったときに見られなくなったため、２ヶ月ほどお金を貯《た》めて、インターネットで安いものを見つけて購入したという。

「あのときは、２ヶ月もテレビを見られなかったもんね」

中学生の長男がしみじみと振り返った。２ヶ月の「テレビのない生活」をまるで懐《なつ》かしんでいるようで、笑いがこぼれる。

「そうそう、せっかく見ていたドラマの最終回が終わってた」

そう誰かが切り返すと、家族みんなで大笑い。貧しいからこそ味わうことができた経験を家族一緒に乗り越えて、過去になれば笑い話にしてしまう。陽子さんの家族はそんなたくましさを持ち合わせていた。

リビングにあったテレビゲームは、ひと昔前のだいぶ古い型で、いま流行《はや》りのゲームではなかった。子どもたちが音楽を聴く時に使っているのは、これも最近見かけなくなったMDコンポ。母親の陽子さんが学生時代に聴いていたMDしかないため、まだ中学生の長男が、90年代に流行した歌をよく聴いていると話す姿も、微笑《ほほえ》ましかった。

「もらいものばかりじゃないのよ」

陽子さんは、最近買ったという、小さなファンヒーターを指さした。ふと気づいたが、家の中で、ヒーターは台所に置いてあるものひとつだけ。どうりで冷え込んでいて、上着を着ていないと寒いくらいだった。ダイニングキッチンとリビングをこの小さなヒーターだけで暖めているが、室温がなかなか上がらない。

食事が終わっても、子どもたちは皆、ヒーターで暖められたリビングから離れず、寒い子ども部屋に行こうとしない。暖をとるために一緒に過ごす時間が、楽しそうで、ふと「見えない貧困」の取材を忘れそうになる。家族は、電気代を少しでも節約するため、余熱で暖かいリビングに布団《ふとん》を敷いて、全員で肩を寄せ合って眠りについた。

今の生活から抜け出せない

陽子さんの家族は、収入が月額およそ20万円に対して支出も20万円近くに上る。家賃が約6万円、光熱費が約2万5000円、食費が約3万円、通信費が約2万円、国民健康保険が約1万5000円かかる。

そのほか、学校での定期的な集金や長男の部活の遠征費、通信教育にかかる費用、長女の大学受験の模試の受験料など、もろもろの支出を合わせると、貯蓄する余裕はない。

しかも、子どもが成長するにつれ、自治体からの支援は減っていく。小学校と中学校では、就学援助を受けられるため、給食費や学用品代などはかからない。しかし今年、長男が中学校を卒業すると、児童手当が減額される。さらに、長女が高校を卒業するため、児童扶養手当も減額されることになる。長女の大学進学と長男の高校進学が重なり、支出が増える一方である。

陽子さんは、こうした児童手当や児童扶養手当は別口座で管理して、なるべく子どもの将来の教育資金にしようと少しずつ貯金している。収入だけで見れば、生活保護水準を下回るが、陽子さんは子どものために、決めていることがある。

「自分が働けるうちは、子どもたちにきちんと働いている姿を見せたい」

働いて得られた収入で生活していくことに、誇りをもっている自分の姿を見せたいから生活保護を申請するつもりはないという。こうした人は少なくない。支援の制度を自ら選択しないのだ。

陽子さんは、パートの仕事ではなく、正社員で給料の高い仕事に変えることや、2つ以上のパートを掛け持ちして収入を増やすことを考えたこともあった。

しかし、シングルマザーで子育てに忙しい40代の女性を正社員として雇ってくれる会社などなかった。パートを掛け持ちしたら、子どもたちに食事を作る余裕がなくなったり、家族で過ごす時間がさらに減ったりすることになりかねない。

さらに、立ち仕事が多かったのが原因で膝《ひざ》を痛めているため、これ以上無理を重ねてしまうと、膝の具合が悪化してしまい、働けなくなる可能性もある。

今より収入を増やそうにも増やせない陽子さんにとって、家族の生活レベルを少しでもアップすることはたやすいことではない。しかし、決して豊かとはいえない中でも節約しながら工夫をして、明るく前向きに暮らしている。

子どもたちも、楽しく学校に通い、友達もたくさんいる様子だ。不登校になったり成績が下がったりするなど、経済的な理由でダメージを受けている様子はない。むしろ、家族の絆《きずな》がそうした困難を乗り越える力になっていると感じる。密着取材を続けると、足りないものは確かにあっても、そのことを見せまいと子どもたちが努力している姿が浮かび上がってきた。

足りないものは何ですか？

中学3年生の長男の彰くん（仮名）は、目鼻立ちのはっきりしたイケメンで、話していてもハキハキと受け答えできる、しっかりした少年だ。スポーツも勉強もできて、学校では女子からもモテるんだと話してくれた。そんな彰くんに、子ども部屋を案内してもらった。

「僕たちの勉強部屋です。ここでテスト前とか勉強しています」

6畳ほどの部屋に、3人兄弟全員の学習机と大きめのタンスが置いてある。部屋には、暖房がない以外は、ごく普通の子ども部屋だ。家の中の暖房は、ダイニングにある小さなファンヒーターひとつだけで、それを子ども部屋に持っていくことはできない。高校受験を控えている彰くんは、大学受験を目指している姉と一緒に、冬の寒い時期は、台所のダイニングテーブルで勉強をしている。

彰くんの勉強机を見せてもらうと、学校で使っている教科書や参考書が並んでいる本棚に長年大切にしてきた本があった。

「動物とか、すごい好きやったんで。繰り返し何度も見たので、すごいボロボロなんですけど……」

そう言って取り出したのは、かなり年季の入った動物図鑑だった。

紙は色あせて、今にもボロボロと崩れ落ちそうなほど傷《いた》んでいた。ページをめくると破れた場所がところどころテープで補強されている。図鑑を買って欲しいと言い出せなかった彰くんに、叔父が「自分が使っていたものだけど」と40年ほど前に使っていたものを譲ってくれたのだ。以来、彰くんは何度も読み返し、大切に使ってきた。新しい本が買えなくても、古い本でも、彰くんには色々なことを学ばせてくれた、大切な本だった。

毎月決まった額のお小遣いをもらっていない彰くんは、図鑑や参考書が欲しくても自分では買えず、新しいものを買って欲しいともなかなか言い出せない。だからこそ、叔父の心遣いが嬉《うれ》しくて、忘れられない一冊になったのだろう。

机の脇《わき》に置いてあるカラーボックスにはマンガ本も何冊か並んでいた。「マンガ本は買っていたんだろうか」と思い訊《き》いてみると、無料のポイントを長い期間貯めて、図書カードと交換して、ようやく手に入れたものだという。

「ポイントを図書カードと交換して、それで自分で買いました。4500円分なんで、9冊くらいですかね」

彰くんは大切そうにマンガ本を手にとって見せてくれた。買うことはできなくても、ポイントを貯めれば手に入ると知って、努力したのだろう。子どもなりに、欲しいものを手に入れる知恵がある。「お金がなくて、買えない」と、欲しいものをあきらめてしまうのではなく、状況を打破する逞《たくま》しささえ感じる彰くんだった。

人とのつながりが与えてくれたもの

彰くんは、通っている中学校の制服も、経済的な理由で必要な数を買ってもらえていない。私たちに普段着ている学校のワイシャツを見せてくれた。2着あるうちの1着は、姉のお下がりだった。

「お姉ちゃんが中学校の時に使っていたやつです。全然見た目では分からないんですけど、女子用なので、ボタンの方向が違うんです。まあ、みんな全然気づきませんけど」

彰くんは、友達には、姉のお下がりの女物のワイシャツだとバレないようにしてきた。しかし、隠すまでもなく、誰も気づかなかった。

ちょうどこの日、高校に入学した後、制服をどうしようか、と家族で相談していた。新しい学生服やワイシャツを揃えると、出費が大きすぎる。中学校の制服の上下は、いわゆる「学ラン」だったが、彰くんが志望している地元の公立高校も制服は「学ラン」だ。高校の校章が入った指定のボタンにさえ付け替えれば、そのまま使うことができる。

彰くんは、新しい制服を欲しがりもせず、むしろ、ボタンだけで済んでホッとした様子だった。

「別にどこもまだ傷んだりしてないし、サイズもまだ小さくもないんで、大丈夫です」

驚いたのは、学校で履いている運動靴だ。

「もうなんか、昨日とか今日とかで破れちゃいました。サッカーしよったらビリッて

「……」

見せてくれた靴は、つま先の部分に大きな穴が開いていた。

「運動靴なんで、そこまであんまりこだわってないです。安いので全然、大丈夫なんで。たぶん買ってもらえると思います」

運動靴はこの一足しか持っていない。買い換えるまでは、これを履くしかないが、彰くんは平然としている。かつて、初めて買ってもらったノートをセロハンテープで補強しながら、ずっと使い続けたことを思い出したという。

簡単に手に入らないからこそ、物を大切にする心が備わっている――彰くんは、大切に使い続けることで、新しい物が手に入らない環境にもへこたれずに暮らしていた。

さらに彰くんは、休みの日や家にいるときに着る私服も、下着以外はほとんどが誰かからのもらい物だ。姉の同級生の男子生徒からもらった物や、祖父母の家にあった服などをもらってきて着ている。

だからだろう。お母さんが買ってくれた物は、記憶に刻まれている。

「このニットは、ちゃんとお母さんに買ってもらいました」

と言って見せてくれた、セーター。

「このスニーカーもお母さんが、誕生日プレゼントにアウトレットでちゃんと買ってくれたものです」

外出する時に履いている休日用のスニーカーも自慢できることが嬉しそうだ。

制服を買ってもらえなくても「まだ大丈夫」と話し、靴やニットは「ちゃんと買ってもらった」と言って自分が平気そうに振る舞うことで、母親をかばおうとする姿に、子どもってすごいと思うと同時に、なぜか少しだけ胸が痛んだ。

彰くんに勉強部屋で話を聞いた後、家族が揃う部屋に戻ったときのことだ。突然、長女の舞さんがスマートフォンを片手に、大きな声で叫んだ。

「ジャージくれるって‼」

スマートフォンの画面を見せようと、母親のもとへ駆け寄った。

「よっしゃ！」

陽子さんは、それを見ると、こぶしを上げてガッツポーズ。舞さんが同級生の友人とLINEでやりとりしている画面には、次のようなメッセージが表示されていた。

「あのさ、学校のジャージって卒業したら誰かに譲る？　もし誰も譲る人、おらへんかったら、弟にあげたって欲しいんや」

「もちろん、あげる」

「やったあ、ありがとう‼」

弟の彰くんが志望しているのは、姉の舞さんが通っている地元の高校だ。高校3年生の舞さんは、弟が合格して入学するときのために、同級生の男子にジャージを譲ってもらえないかお願いしていたのだ。その高校のジャージは、学年ごとに色が違うが、舞さんと彰くんは、ちょうど年齢が3つ離れているため、同じ色のものを着ることができる。

「ワイシャツも、もらえないかな」

母親の陽子さんは茶目っ気たっぷりにお願いのポーズ。舞さんがそれを合図に、再び同級生にメッセージを送って、しばらくすると、

「オッケーやって」

「やったー」

姉と母の喜ぶ姿を、彰くんは、盛り上がりすぎだよ、とでも言うように横目で見ている。卒業したら、不要品になってしまうジャージや制服を入手できることに、こんなに喜んでいるんだと思うと、底抜けに明るい母と姉の屈託のなさに、逆にエネルギーをもらえる思いだった。

新しい制服や靴を買ってもらえないのは、彰くんだけではない。姉の舞さんも同じだ。

ブレザーは母親に買ってもらったが、ワイシャツは、同級生の姉からもらったお下がりを3年間使ってきた。

「シャツは1枚だけです。夏も冬も毎日洗濯するので、ちょっと不便で本当はもう1枚欲しかったんですけど。どうしても困ったら、中学校のときのシャツを着ていました。ブレザーを着てれば隠れるからわからないんで」

ジャージも、同じ人から譲ってもらった。

「女の子が使っていたやつで綺麗だったので、そのまま3年間使っていました。弟も3つ違いなんで、さすがにサイズは小さいんで入らないと思うんですけど、なんかあったときのために昨日あげました」

3年間、着古したお下がりのジャージを舞さんがさらに3年間着た後、6年越しのジャージが、彰くんに譲られることになった。

さらに、夏用の半袖《はんそで》の体操服も、同じ人からもらったお下がりを使っていた。見せてもらうと、元の持ち主の苗字《みょうじ》が刺繍《ししゅう》で縫い込まれている。

「全然、大丈夫です。うちの地域は、他の子もけっこうお古をもらっている子が多かったんで」

弟の彰くんの下には、さらに小学5年生の妹・由真さん（仮名）がお下がりを待っている。もちろん当たり前のように、お下がりを受け取り、新しいものをねだることはない。姉や兄の姿を見ているからこそ、「がまんすること」が苦にならないのだろう。

舞さんも私服を買ってもらうことは、ほとんどない。冬用の私服は3着くらいしかなく、ニットのセーターは母親と共有している。スカートは、修学旅行のときに買ってもらったお気に入りを大切に着ている。お出かけする時に持ち歩くリュックサックも、友達が中学生のときに使っていたものだ。

舞さんは、普段は衣服に困っていると感じないが、友達と話していると、違いに気づかされることもある。

「友達と服が欲しいって話をしていたときに、『2〜3着ぐらいしかないんだよね』って言ったら、『それ、少なくない？』って言われて、『ああ、やっぱり少ないんや』って思いました。やっぱり、欲しいです。オシャレはしたい」

舞さんは、それでも母親に気を遣って私たちにはこう続けた。

「お母さん、必要なものはちゃんと買ってくれるので。誕生日とかクリスマスのときに、欲しい物ある？って訊いてくれるから、その時に買ってもらったりしてます」

彰くんが、ワガママを言わず、欲しいものを我慢するのは、姉のこうした姿勢を間近に見て来たからかもしれない。

見ようとしないと「見えない」

子どもの貧困の最も大きな特徴のひとつは、見ようとしないと「見えない」ことだろう。子どものいる家庭が経済的な困難を抱える背景は、ひとつではなく、複雑な事情が絡《から》み合っていることが多い。

親の離婚、借金、低賃金の仕事、精神疾患、家庭内暴力、虐待《ぎゃくたい》、ネグレクト、周囲からの孤立――ひとつでも大変な問題を、複数抱えているケースがほとんどだ。

当事者の親は、自分の生活を守ることで精一杯で、人に助けを求める余裕を失ってしまう。もしくは、「情けない状態を他人に見せたくない」という理由から、助けを求めること自体を嫌がったり避けたりする。その結果、周囲に気づかれないまま家族が孤立していく。

一方、その子どもは、家庭という閉ざされた空間の中で人知れず追い詰められていく。たとえるなら、「川の岩陰で溺《おぼ》れた状態」だ。

人目につくところで溺れていれば、誰かが助けてくれるだろう。しかし、川岸から見えない岩陰で溺れていると、誰も気づいてくれない。そうした子をいざという時に助けようと思ったら、誰かが常に、子どもがどこかで溺れているかもしれないと意識して日頃から巡回し、発見したら川の中に入ってその子を抱え上げて、川岸まで連れ出さなければならない。その上で、濡《ぬ》れた衣服を着替えさせ、体を温めて食料を与えるなど、具体的な救いの手が必要だ。

本当に困った子どもは、自ら名乗り出ることはできない。自力で這《は》い上がれないまま、岩陰で溺れているからだ。子どもに向けた相談窓口を開いて、困ったらここへ相談してくださいという取り組みを見かけるが、それでは、川の岸辺に屋台を開いて溺れている子どもに向かって困ったらここまでおいで、と言っているようなものだ。

また、仮にそうした子どもを発見できたとしても、近所の人や学校の教員でも手を差し伸べにくいのが現実だ。経済的なことや家庭の事情は、プライバシーの面でどうしても踏み込みにくいからだ。

最近では、行政機関や民間のNPO団体によって、支援につながっている子どもも多くいるが、現場で支援に携わっている人たちによると、救いの手が差し伸べられている子どもは、「氷山の一角」で、まだ多くの子どもたちが「発見」されないまま苦しんでいると言う。

子どもの貧困は、周囲が積極的に見ようとしない限り、気づくことは難しく、こうした子どもたちをどう「発見」し、支援につなげていくかが大きな課題だ。

子どもの貧困がもたらす心への影響

子どもの貧困のもうひとつの特徴は、子どもの心や精神面に与える影響だ。経済的に厳しい家庭に育つ子どもは様々な場面で我慢を強いられることが多い。

「うちはお金がないから我慢しなさい」

度々、そう言われ続けると子どもが事情を敏感に察知して、様々なことを諦《あきら》めるようになってしまう。自分で自分の可能性を狭めてしまうようなケースが生じるのは、こうした子どもの「遠慮」にも起因する。さらに、生活が苦しい余り、子どもに対して言ってはいけないことを口走ってしまう親もいる。

「お前なんか産まなきゃよかった」

「お前さえいなければもっと楽できるのに」

日々、存在さえ否定するような言葉を言われ続けると、子どもたちは自己肯定感を失ってしまう。やがて自尊心さえ抱けなくなっていくのだ。

「自分は生きる価値がない人間だ」

「どうせお金がないから努力しても無駄だ」

貧困が親を苦しめ、苦しんだ親たちの言葉が子どもたちに将来にわたって深い傷を負わせてしまうのは、こうしたケースだ。

こうして自己肯定感が失われてしまうと、失敗を恐れて挑戦する意欲が削《そ》がれていく。つまり「頑張ること」ができなくなってしまうのだ。その結果、夢をもたなくなる。貧困家庭の子どもがどう成長するのかを追跡調査したアメリカの例では、大人になっても、自分に自信をもてずにいることで、就職や結婚にまで深刻な影響を及ぼしてしまうケースが少なくないことも実証されている。

このように、家庭の経済的な厳しさは子どもの人生に大きく影響する。本来、受けられるはずの教育の機会が奪われたり、家族で旅行や食事などの思い出を作ったりすることもできなかったり……子どもが当たり前に経験しておくべきことが、経験できないまま放置されてしまう。

こうした「機会や経験の欠如」が重なると、コミュニケーション能力や自我の発達など、現代社会で生きて行くために必要な能力が身につかず、生涯にわたって影響を及ぼしかねない。だからこそ、子どもの貧困は、対策が急がれるのだ。

社会的損失40兆円の衝撃

子どもの貧困に対して、早急に対策を取ることは、未来への投資につながる。貧困状態にある子どもたちの教育機会が失われた結果、非正規労働が増え、所得が減ることにつながると、日本全体の経済が縮小していくという試算もある。

日本財団の子どもの貧困対策チームが、２０１５年12月に発表した「子どもの貧困の社会的損失推計」レポートでは、子どもの貧困を放置した場合の経済に与える影響を日本で初めて数値化している。

分析の結果、子どもの貧困を放置すると、将来的な社会的損失は40兆円を超えることが明らかになった。少子高齢化が進む中で、子どもたちの潜在能力が貧困によって封じ込められてしまうと、日本社会全体の衰退につながり、その代償を払うのは、これからの日本を担《にな》っていく子どもたちだ。

次の世代に禍根を残さないためにも、早急に手を打たなければならない。そして、対策を打つためにも、子どもたちの「見えない貧困」を可視化し、具体的に把握する必要があるのだ。

しかし日本では、子どもの貧困対策はまだ具体化しているとはいえない段階にある。子どもの貧困問題は2008年ごろから、専門家やメディアによって提起されるようになり、その後、市民活動の広がりと支援団体の努力の末に、議員立法によって子どもの貧困対策法が成立した。

子どもの貧困対策法は、2014年1月に施行され、それに基づいて「子供の貧困対策に関する大綱」が同年8月に閣議決定された。しかし、大綱では、子どもの貧困率を改善するための具体的な数値目標は定められず、地方自治体の対策事業も努力目標とされた。期待された具体的な施策も財源を理由に見送られた。

国の予算が十分とは言えない中、政府は民間の資金を活用した対策も推し進めてきた。

2015年4月、政府は子どもの貧困の解消に向けて民間資金を活用した基金を新設し、官民が連携して対策に取り組む「子供の未来応援国民運動」を展開すると宣言した。

同年10月、「子供の未来応援プロジェクト」のホームページが開設され、基金への寄付を呼びかけている。

集められた寄付金は、子どもの学習や生活の支援を行うNPO団体などの助成に使われている。地域の子どもを食の面から支える「子ども食堂」や、無料で学習支援を行う「学習支援教室」など、民間の取り組みは、こうした支援の広がりもあって各地で急増している。

このように子どもたちを支援しようという輪は少しずつ広がり始めている。しかし、国や自治体が、貧困対策として具体的にどこから、何を始めるのか、については未《いま》だ解決への道筋が見えていないのが実情だ。

「頑張らない自分のせい」＝自己責任論

子どもの貧困について、「国や自治体の支援が必要だ」という主張に対して、「貧しいのは、頑張らない自分の責任だ」という、いわゆる自己責任論が未だに根強く残っている。しかし、本当に自己責任だと言い切れるのだろうか。

インターネット上には、「子どもが貧困になるのは、子どもも親も努力しないため」という書き込みがあふれている。

「家計が苦しいのは、親が給料の安い仕事にしか就けなかったから」
「母子家庭になったのは、我慢が足りず、離婚したから」

こういう努力の足りない家庭を税金で支援する必要はない、というのがネット上の「自己責任論」だ。確かに、本人にも責任があるケースがないとは言えない。しかし、こうした自己責任論がことあるたびに繰り返されることで、追い詰められてしまう人がいる――そう思うと、報道機関にいる私たちは悔しく、もどかしくて仕方がない。

だからこそ、子どもの貧困を正しく理解してもらうために、これまで伝えてこなかった手法で伝えなければならないと感じている。

子ども自身が「自分は相対的に貧困である」と自覚するためにも、「相対的貧困」が何を指すのか、わかりやすく伝えなければならない。「7人に1人が貧困」という数字の裏にある実態を捉《とら》え直す必要がある。

前述したように、子どもの貧困率は、家庭の所得をもとに算出したものだ。しかし、数値だけで「貧困」を線引きすることは難しい。実際、収入の面で「相対的貧困」にあてはまる子どもであっても、7人に1人の子どもすべてが、貧困を自覚しているとは言えない。むしろ、生まれたときからそのような環境に育っていると、たとえ生活が苦しくても、「貧困」とは思わずに、成長するケースもあるだろう。そうした場合、何事もなく大人になり、不自由のない生活を送れるようになれば、それが一番いい。

しかし、貧困家庭の子どもの多くは、ふとしたことがきっかけで生活が一気に悪化し、ギリギリで踏ん張っていた状態から、転落してしまうリスクを常にはらんでいる。そのリスクが現実のものとなり、転落してしまうと救うのは大変だ。

先ほどの喩《たと》えで言えば、「川で溺れた状態」の子どもは、助けが必要だと一目で分かる。しかし、救う必要があるのは、溺れてしまった子どもだけではないはずだ。川岸で歩いている子どもも、強風にあおられれば川に落ちるかもしれない。溺れてから応急処置するだけではなく、溺れる前に「危ないよ」と声をかけておけば、あるいは、あらかじめ浮き輪を配っておけば、溺れないように食い止めることができるはずだ。

こうした事前の策を講じるためにも、「溺れそうだ」というサインを見落とさないようにしなければならない。そのための一歩として、「相対的貧困」状態にある家庭の子どもたちが何に困っているのか、貧困を可視化していくことが求められているのではないだろうか。

スマートフォンがライフライン

相対的貧困の実態を伝える際に、インターネットなどで決まって批判の的になるのが、スマートフォンだ。貧困家庭の子どもがスマートフォンを持っていると、「スマホなんて贅沢《ぜいたく》だ」「スマホを持っているなら貧困ではない」などという批判が出る。しかし、本当にスマホを持っていることが「贅沢」だと言えるのだろうか。

陽子さんの家庭では、高校生の舞さんと母親の陽子さんがスマートフォンを持っている。舞さんが持っているのは、「ｉＰｈｏｎｅ５ｓ」だ。３年前、中学３年生の時に買ってもらった。

経済的に厳しいため、陽子さんはもともと買い与えるつもりはなかった。舞さんに対しては、「もし、定期テストで学年１位を取ったら買ってあげる」と条件をつけていた。それまで１位を取ったことはなかったため、買うことになる可能性はほとんどないと思っていたらしい。

するとさんは、3年生の2学期の期末テストで、見事に1位を取った。それで、陽子さんは、約束通り買い与えることにしたという。舞さんは、念願のスマホを買ってもらったのだが、そのエピソードを話す時、嬉しそうな表情ではなく、申し訳なさそうに話してくれた。

「お母さん、お金の面で大変そうです。やっぱり月々の費用で考えたらお母さんと2人分だから大変だと言っていました」

しかし、使い始めてすぐ、スマートフォンは欠かせない存在になった。朝から晩まで働く母親の陽子さんとの連絡手段として、ライフラインの役割を果たしているからだ。弟も妹もスマートフォンや携帯電話を持っていないため、舞さんが母親との連絡役を務めている。

さらに、今は、中学生や高校生たちはスマートフォンが必需品になりつつある。友達どうしの関係を維持したり情報交換をしたりする上で、LINEやSNSが欠かせないためだ。スマホがないと友達の輪から外れてしまったり、話題についていけなかったりと、子どもたちの人間関係にも大きく関わる。

中学生の彰くんは自宅にいる時には、母親のスマホを借りて、友人とLINEなどでのやりとりをしている。そのため、母親が家にいる時間にしか使えず不便だという。

「やっぱり欲しいですね。周りの友達はみんな中学生になったころに、スマホを買ってもらっていました」

母親や姉と急遽《きゅうきょ》連絡を取りたい時にも不便だ。東日本大震災や熊本地震の様子をテレビで見て、災害があったときに家族と連絡が取れるか不安を感じているという。彰くんは、高校に進学したら、アルバイトをしてスマホを自分で買うつもりだと話してくれた。

スマホは、さらに進学や就職活動などにも欠かせないものになりつつある。大学の願書の提出もインターネットから行う時代だ。

そして、様々な情報を入手するのもスマホを通じて行っている若者は少なくない。さらに、スマホは電子辞書代わりにもなっている。高校生の舞さんは、英和辞典・和英辞典・国語辞典など紙の辞書も、電子辞書も、持っていない。

「勉強する時に、どうやって調べているの?」

と訊くと、

「英単語は、スマホで調べています。学校の授業で電子辞書を使う時があるので、その時は隣のクラスの子に借りています」

若者にとって生活全般に欠かせないスマホだが、それでも「スマホを持っていれば贅沢で、貧困とは言えない」と断じるのだろうか。

社会的な経験の欠如

さらに舞さんや彰くんに話を聞いていくと、経済的に厳しい家庭の子どもたちは物理的に「物」が手に入らないということだけでなく、「社会的な経験」も十分に積み上げることができない現実も見えてきた。

そのひとつが、「家族旅行」だ。陽子さんの収入では、近くに出かけることはできても、遠出する余裕はなく、これまで宿泊を伴う家族旅行には一度も行ったことがない。日帰りの旅行も、数えるほどしか行ったことがないという。

しかし、その数えるほどしかない経験でも、陽子さん一家は旅行の思い出を大切にしていることも分かった。玄関に入ってすぐ目に入る場所に飾られていたのは、数年前に行った遊園地で、家族みんなで撮った記念写真だった。たとえ家族旅行の思い出の数が少なくても、「いつも思い出を取り出せるように」と飾られた写真に、陽子さんたち家族が相対的貧困状態にありながら、足りないものを補い合って、貧困を乗り越えるたくましさを持っていることを改めて感じさせられた。

もうひとつ、彰くんに聞くと「部活動」を自由に選べないことも、経験の欠如につながることが分かった。彰くんは、高校進学後、ずっと好きで続けてきたバスケットボールを続けられないという。費用負担が大きいことが分かったためだ。

スポーツが得意な彰くんは、小学校のときは地元の少年野球チームに所属し、地域の大会で準優勝を果たした。さらに中学校では、バスケットボール部で活躍し、キャプテンを務めてチームを引っ張った。

「部活はすごく楽しかったですね。仲のいい友達や知っている先輩も多かったので」

バスケットボール部は、中学時代は、学校にボールもあったし、靴以外の道具を買う必要もなかったため、費用があまりかからなかった。ユニフォームはすでに学校にあるものを使い回していたし、クラブジャージは卒業した先輩から譲り受けることができた。新たに用意しなければならなかったバスケットシューズも、祖父が誕生日にプレゼントしてくれた。

しかし、高校では、バスケ部に入部すると、毎月、部費を支払わなければならない上に、ユニフォーム代や遠征費など、頻繁に高額の集金があるという。

「入れるなら、バスケ部に入りたかったんだけど、遠征とかすごく多いし、部費とかがかかるんで、やっぱり厳しいなって。お姉ちゃんも大学行くからお金かかるし。それで、じゃあもう、部活はいいよってなったんですけど。やっぱり、正直入りたかったです」

彰くんは、がっくり肩を落とした。それでも、未練を断ち切るように、きっぱり決意を話してくれた。

「まあ、家のこと見よったら仕方ないかなって。お母さんがどんだけ頑張っても、収入とかだいたい分かっているっていうのもありますし、かといって、お母さんがちゃんと仕事をしてないとかじゃなくて、やってくれているんで、やっぱ、自分も我慢できることなら我慢せなあかんなっていう感じですかね」

大人にさせられた子どもたち

息子が大好きなバスケットボールを続けることができない――母親の陽子さんは、このことを話す時、苦渋の表情を浮かべて、胸の内を語ってくれた。

「やっぱり金銭面で気を遣わせてしまい、まだ子どもなのに大人にさせてしまって。そういう時、自分の力不足を感じます。本当は、勉強も部活も、自分がしたいことを自由に選んで頑張ってねって言いたいです。自分もそう言われて育ってきましたし、高校時代の部活動って貴重な時間じゃないですか。友達を作ったり、人間関係を広げたりする上でも。でも、上の子が大学に行くとなるとさすがにちょっときついかなって。部活を自由にさせてあげられなくてごめんって思っています」

「子どもなのに大人にさせてしまった」という言葉が心に突き刺さった。

彰くんは、優しく家族思いだからこそ、黙っていろいろなことを我慢してきたのだろう。そして、そんな彰くんだからこそ、自分の家の経済的な事情を他の人には隠していることを打ち明けてくれた。

「なんか、人より劣っているっていう言い方は変なんですけど、やっぱり友達みたいに欲しいものをすぐに買ってもらえなかったりとか、そういうのはやっぱりあまり言いたくないですね。周りの人に相談したり、話したりってことはしないです。嫌やなって思ってるんで」

こう話すとき、彰くんの顔から笑顔が消えていた。

彰くんが屈託ない笑顔のまま、甘えたり、ワガママを言ったりすることはあるのだろうか。おそらく物心がついたころから、我慢に我慢を重ねてきているはずだ。しかし、だからこそ強くなれる、ギリギリまで頑張れる力が身についているはずだ。

笑顔の消えた彰くんの表情を初めて見たこの時、彰くんの将来を心から応援したいと思った。

教育の機会の欠如

子どもの相対的貧困は、「物」だけでなく「社会的な経験」を得る機会をも奪ってしまう。さらに深刻なのは、子どもたちの「教育の機会」が奪われてしまうことだ。「教育の機会」が具体的に何を表すのか——ひとつは、学習塾や習い事に通えないことだ。彰くんは、学習塾の費用が高すぎるため、通信教材で学んでいる。

「学校では、僕以外、ほとんど全員塾に行っているんじゃないですかね。お母さんには行きたいって言いましたけど、お姉ちゃんの進学とかいろいろ大変だから難しいって。もう、自力で頑張るしかないです」

勉強が好きな彰くんは、高校卒業後は大学に進学したいと考えていた。しかし、すでに大学への進学は難しいと思い始めている。

「できれば僕も大学行って勉強したいなって思っています。でも、家の状況を考えると、すごく厳しいです。だから無理やったら、もう諦めようと思っています」

今年、中学校を卒業する彰くんが、もうすでに家の経済的なことが原因で進路を諦めようとしている。将来の夢ややりたいことを考えようとしても、お金がないことが常に頭にあり、具体的なイメージが描けないという。

「夢とか目標みたいなのは、まだ全然見えないです。どういう道で行きたいのか、全然決められないです」

高校に進学したら、アルバイトをして少しでも家計を支えたいと考えている。

「お母さんにはできるだけ早く楽をして欲しいと思っています。仕事もすごく大変そうですし、なるべく支えられたらと思っています。そのために今できることは、勉強をすることなんで、とりあえず自分のできることをしっかりやっていこうと思います」

「高校生ワーキングプア」を支えたい——ある予備校の試み

一方、大学受験を控えた姉の舞さんは、近所の予備校に通っている。舞さんが予備校へ通うことができた理由は、予備校の経営者が「家計に余裕がなくても、予備校に通えるように」と強く願い、工夫をこらして運営しているためだ。

舞さんは、予備校に月謝を払っていない。その代わりに、週に2回、その予備校が運営する小中学生向けの学習塾で、アルバイト講師として子どもたちの勉強を見ている。舞さんが担当しているのは、小学生向けには算数、中学生には数学を教える仕事だ。月謝の代わりと思って始めたが、やってみると、楽しくて、やりがいも感じている。

学習塾とはいえ「先生」として経験を積めることは、自分の将来にとってもプラスになるはずだとも感じている。その上、受験勉強ができるため、舞さんにとって欠かせない大切な場所になっている。

しかし、学力が身についても、進路を自由に選ぶことが許されているわけではない。舞さんは家族に迷惑をかけないために、奨学金を借りて国公立大学に進学する道を選んだ。

さらに直面した問題は、自宅から通える国公立大学がないということだ。母親の陽子さんの収入では、「娘に仕送りをしながら、家計も守るのは、無理」だという。そこで、舞さんは、寮が付いている国公立大学を探すことにした。それならば、生活費はそれほどかからず、奨学金を借りて自分の力で大学に通えると考えたからだ。

「国公立大学の寮だと、けっこう家具とかエアコンとかも揃《そろ》っていて、アパートを借りるよりも安いです。お母さんには、『寮だったらまだ何とか行かせてあげられる』って言ってもらえたので、頑張ろうかなと」

寮付きの国公立大学に行くという選択肢は、舞さんにとって一筋の希望の光だ。そこで、その条件に合う大学を探すことになった。あまり自宅から遠いと、帰ってくる際の交通費がかかるだけでなく、陽子さんも心配なため、できるだけ自宅に近い大学にしたいと考えた。

寮があり、さらに自分の学力に見合った国公立大学が、ひとつだけ見つかった。受験は、その一校に絞ることにした。滑り止めに私立大学を受けたいが、受験料の負担が重く、そもそも合格しても通えない。万が一、受験に失敗したら、自宅で浪人して、来年また再チャレンジしたいという。

舞さんは、それでも大学受験に挑み、将来やりたいことを見つけたい、と話してくれた。

「まずは大学に入って、それから考えようと思っています」

限られた条件の中から進路を選ばなければならない環境にも負けず、前進し続けようと前向きに生きる舞さんを見ていると、私たちも勇気をもらえるようだった。

舞さん、彰くんは、恵まれた人たちと比べれば、機会は乏しいかもしれない。しかし、自分で機会をつかみとる「たくましさ」「強さ」を持っている。貧しさを理由に「頑張れない」というだけでは、解決につながらない。

「頑張れる」力を子どもたちが失わないうちに、舞さんが通った予備校のようなチャンスと機会が得られれば、多くの子どもたちが夢を失わずに済むのかもしれない——そんなことを考えさせられた。

子どもを守りたい親たちの苦しみ

陽子さんは、親として、大学受験で娘が味わっている苦労を思うと、何不自由なく進路を選んでいる友人たちと自分を比べて、娘が必要以上に引け目を感じているのではないか、と心配していた。

「進学に対して我慢させていることはたくさんあります。本当はすべて取っ払って、行きたい大学を選ばせてあげられれば一番いいんですけど。現実的に仕送りは難しいので、寮しか選択肢がないし、私立の滑り止めも受けられないっていうこともあって、だいぶ彼女も苦しいみたいです。それを自分の中で消化するのに時間がかかっていましたね。周りと比べて、自分があまりにも違うということに直面したんだと思うんです」

陽子さんは、娘や息子の将来の夢を親として手助けしてあげられないこと、そして希望通りの進路を選べない現状にがまんさせてしまっていることを申し訳なく思う、と話してくれた。

「長男の彰も、大学に進学するとき、同じように、家は周りとは違うんだって目《ま》の当たりにすると思うんですね。今までは、ごまかし、ごまかし、きたけれど、進路の面で、みんなの家と全然違うって気づいてしまったら、それを消化するのって大変かなって思います」

陽子さんは、親としての不甲斐《ふがい》なさを感じていた。話しているうちに、いつもの笑顔は消えていた。

「私も一緒に直面しているんですよね。自分の無力さを知ります。子どもに対して申し訳ないって……。でも、どうしようもない。どうしようもないってこともないんでしょうけど、でも、これが現実かなって……」

初めて見る陽子さんの辛《つら》く悲しい表情だった。子どもに辛い思いをさせていることは、親にとって、何よりも辛い、苦しいことなのだろう。それは、出口のない苦しみに違いない。

舞さんや彰くんのように、家計に余裕のない家庭で育ちながらも、将来の夢に向かって、希望を捨てずに前を向いて生きている、そんな、たくましい子どもたちは大勢いる。しかし、そんな状況下にいる子どもたちはささいなことで、人生につまずいてしまうリスクが高いのではないだろうか。

仮に、不測の事態が起きたらどうなるだろうか。もし、陽子さんの近所に住む高齢の両親に今以上に看護や介護が必要になったら——陽子さんは介護のために、仕事を減らせば収入が減ってしまうことになり、より経済的に厳しくなる。これまでのようにフルタイムで働こうと無理をすれば病気をするなど、身体《からだ》を壊してしまうかもしれない。

多くの家庭は、そうしたリスクと隣り合わせで、踏ん張って生きている。実は、「相対的貧困」の家族は、ギリギリで耐えているからこそ見えにくく、見えにくいからこそ、見過ごされてきた問題なのではないだろうか。

第五章 「見えない貧困」を可視化する

貧困を可視化する大阪府の実態調査

全国の自治体のうち、東京都や沖縄県など、少なくとも62ヶ所で「見えない貧困」を可視化しようと、子どもの貧困の実態調査が始まっている（2017年2月現在・内閣府）。その中で、最大規模の調査を行っているのが大阪府だ。

2017年1月、大阪市内で開かれた中間報告の会場は、多くの報道関係者で埋め尽くされた。調査は、大阪府43市町村で、対象は公立校の小学5年生・中学2年生とその保護者。調査に回答したのは約5万世帯の子どもと保護者、合計約10万人。内容は、生活・学習環境、家庭の経済状況、親子の関わり方など約40項目を調査しており、これまでにない大規模な調査となった。中間報告では、先行して調査を実施した30市町村のデータが公表された。

調査の狙《ねら》いについて、大阪市立大学大学院生活科学研究科の所道彦教授が説明に立った。

「今、求められていることは貧困を可視化すること。これが非常に大きな課題です。また、平均的な暮らしと比べて、貧困がどういうものなのかを理解していく。格差として、相対的に捉《とら》えるということがすごく大事です」

困窮度を4段階に分類

大阪府の実態調査では、標準的な所得の家庭の子どもと、「相対的貧困」に該当する家庭の子どもの現状を比較するために、家庭の収入も詳しく聞き取り、4段階に困窮度を分類することにした。

「中央値以上」→手取り収入の中央値（274万円）以上の層　＝平均的な所得以上の家庭

「困窮度Ⅲ」→中央値の60%以上～中央値未満の層　＝164万円以上～274万円未満

「困窮度Ⅱ」→中央値の50%以上～60%未満の層　＝137万円以上～164万円未満

「困窮度Ⅰ」→中央値の50%未満の層（＝相対的貧困）＝137万円未満

「困窮度Ⅱ」と「困窮度Ⅲ」という分類を設けているのは、世界的な調査と比較するため。中央値の60％で区切ったのは、ユニセフが、「相対的貧困」を中央値の60％未満とも定義しているからだ。日本では、ＯＥＣＤ（経済協力開発機構）の定義に合わせて、「相対的貧困」を中央値の50％未満としている。

調査の結果、「中央値以上」の世帯が、50・1％と半数を占め、「困窮度Ⅲ」は30・5％、「困窮度Ⅱ」は、7・0％、そして、「相対的貧困」にあたる「困窮度Ⅰ」の世帯は12・4％に上った。

子どもたちの剝奪《はくだつ》指標

さらに調査では、従来とは違う「剝奪指標」という新たな指標が用いられている。「剝奪指標」は、社会で当然、与えられるべき権利のうち、何が欠落している（剝奪されている）のかを計る指標だ。これにより、貧困状態に置かれた子どもたちは、どんな権利や機会などが奪われている状況なのかを知ることができる。

貧困研究の先進地であるイギリスで開発された指標だ。

剥奪指標を用いた保護者に対する設問は、「経済的な理由で、次のような経験をされたことがありますか。おおむね半年の間でお考えください」と、以下の21項目の中から当てはまるものをすべて選ぶように訊《き》いている。

《保護者への設問》

○電気・ガス・水道などが止められた
○敷金・保証金等を用意できないので、住み替え・転居を断念した
○医療機関を受診できなかった
○クレジットカードの利用が停止になったことがある
○家賃や住宅ローンの支払いが滞ったことがある
○電話（固定・携帯）などの通信料の支払いが滞ったことがある
○冠婚葬祭のつきあいを控えた
○国民健康保険料の支払いが滞ったことがある
○国民年金の支払いが滞ったことがある
○金融機関などに借金をしたことがある

○子ども部屋が欲しかったがつくれなかった
○スマートフォンへの切替・利用を断念した
○鉄道やバスの利用を控え、自転車を使ったり歩くようにした
○生活の見通しがたたなくて不安になったことがある
○新聞や雑誌を買うのを控えた
○友人・知人との外食を控えた
○冷暖房の使用を控えた
○理髪店・美容院に行く回数を減らした
○食費を切りつめた
○新しい衣服・靴を買うのを控えた
○趣味やレジャーの出費を減らした

さらに、保護者への「子ども」に関する設問では、「あなたの世帯では、経済的な理由で、次のような経験をされたことがありますか。（おおむね1年の間でお考えください）」と、以下の14項目の中から当てはまるものをすべて選ぶように訊いている。

《保護者への設問》

○子どもを医療機関に受診させることができなかった
○子どもの進路を変更した
○子どものための本や絵本が買えなかった
○子どもにおこづかいを渡すことができなかった
○子どもに新しい服や靴を買うことができなかった
○子どもを学校の遠足や修学旅行へ参加させることができなかった
○子どもを習い事に通わすことができなかった
○子どもを学校のクラブ活動に参加させられなかった
○子どもを学習塾に通わすことができなかった
○子どもの誕生日を祝えなかった
○子どもにお年玉をあげることができなかった
○子どもの学校行事などに参加することができなかった
○子ども会、地域の行事（祭りなど）の活動に参加することができなかった
○家族旅行（テーマパークなど日帰りのおでかけを含む）ができなかった

子どもへの設問は、「あなたが、持っているものや、あなたが使うことができるものを選んでください」と以下の14項目から当てはまるものをすべて選ぶように訊いている。

《子どもへの設問》

○本（学校の教科書やマンガはのぞく）
○マンガ・雑誌
○子ども部屋（ひとり部屋やきょうだいといっしょに使っている部屋など）
○インターネットにつながるパソコン
○運動用具（ボール・ラケットなど）
○ゲーム機
○自転車
○テレビ
○けいたい電話
○スマートフォン・タブレット機器（通話等アプリ・ラインやツイッター、フェイスブックなどできるもの）

○化粧品・アクセサリー
○習いごとなどの道具（ピアノなど）
○自分で選んだ服
○キャラクターグッズ

設問項目は、日本で暮らす平均的な子どもたちが当たり前に持っていると思われるものを中心に考えられている。

誤解して欲しくないのは、これらのひとつでも欠けたら「貧困」、ということではない。調査結果を見ると、「相対的貧困」世帯の子どもの方が、平均収入以上の世帯の子どもより、持っている割合が高い物もあることが明らかになった。

3つの欠如

以上のような調査結果から、子どもから何が剝奪されているのか、調査では3つに分類して見ていくことになった。

①「物的資源の欠如」＝生活に必要な「物」の欠如
②「ソーシャル・キャピタルの欠如」＝人とのつながりの欠如
③「ヒューマン・キャピタルの欠如」＝教育や経験の欠如

「物的資源の欠如」とは、生活に必要な物やサービスがないこと、例えば、新しい服や靴を買ってもらえない、医療機関を受診させてもらえない、などが当てはまる。

また、「ソーシャル・キャピタルの欠如」は、人とのつながりが欠けていることをいう。家族関係や友人との関係、学校などのコミュニティに参加できているかなどを見る。例えば、学校行事に参加できているか、家族旅行に行っているか、などが当たる。

「ヒューマン・キャピタルの欠如」は、教育や生活習慣など、子どもの人格や将来にとって必要な機会が損なわれていることをいう。例えば、塾や習い事に通わせてもらえない、などだ。こうした3つの欠如を明らかにし、子どもの貧困を目に見える形で浮かび上がらせ、対策につなげるのが最終的な狙いとなる。

調査から見えてきた「ひとり親家庭」の厳しさ

　調査の結果から、まず見えてきたことが、ひとり親家庭の所得状況が厳しいことだった。

　世帯収入を見ると（２０１５年の年収）、世帯全体では、６００～８００万円未満が22％と最も多いのに対し、母子世帯では、２００万円未満の所得層が35％、父子世帯では、２００～３００万円未満が22％で最も多かった。

　世帯構成との関係を見ると、ふたり親世帯では、「相対的貧困」にあたる困窮度Ⅰは、1割に満たないが、父子世帯は、およそ3割、母子世帯は、半数近くに上る。

　結果について、大阪府は、「本来受けられる支援を受けていないため」と分析している。ひとり親世帯への支援制度には、児童扶養手当、母子・父子・寡婦《かふ》福祉資金貸付金、生活困窮者自立支援制度、福祉医療費助成、生活保護制度、生活福祉資金貸付制度などがある。

　しかし、こうした支援のほとんどが、当事者が自分で役所に足を運び、申請しない限り受けられない。

さらに、支援制度を知らなかったり、忙しくて役所に行く時間が作れなかったりして、支援を申請できていない人も少なくない。今後、支援制度をより広く知らせていくこと、そしてインターネットで相談を受け付けるなど、困っている人が利用しやすいように、支援制度の運営の仕方を見直していくことも必要ではないだろうか。

親の仕事による差も調査から浮かび上がってきた。正規雇用で働く親のうち、相対的貧困の世帯は、6％にすぎない。一方、非正規雇用の世帯では、64％と高い割合だ。非正規雇用の家庭が困窮状態にあることが、改めて裏付けられた形だ。

「困窮度Ⅰ」（＝相対的貧困）の家族の暮らし

では、「困窮度Ⅰ」の暮らしぶりは、どういうものなのか。

私たちは該当する家族を探して、取材することにした。厳しい家計の全《すべ》てを赤裸々にしてくれる家族はすぐには見つからなかったが、ようやく、ある母子家庭の母親と会って直接、話ができることになった。ほとんど仕事で家にいないという母親の携帯電話に連絡をとると、その日の夜、仕事が終わって帰宅した後に、自宅で会えることになった。

インターホンを鳴らすと、優しそうな笑顔で女性が出迎えてくれた。

「こんばんは。お待ちしていました」

シングルマザーとして3人の子どもを育てている真弓さん（仮名）。夜も遅かったので、家に上がるのは遠慮して、玄関で話を聞くことにした。

5年ほど前に離婚して以来、中学生の長男と小学生の子ども2人を抱えている真弓さんは、仕事を掛け持ちして働いている。日中は正規雇用でフルタイムの事務の仕事をしているが、その収入だけでは家計が支えきれず、3日に1度のペースで、施設で宿直のパートをしている。

1ヶ月の収入は、合わせて20万円ほどだ。後で述べるように実質的には、大阪府の調査でいうと「困窮度Ⅰ」に相当する。

しかし、一見、真弓さんの家族は、経済的に困っているような印象はない。むしろ、親が買ってくれたとはいえ、広い一軒家は、庭もあって豊かそうにさえ見える。車庫にも、マイカーが駐車されている。この車も真弓さんが離婚してから、通勤や子育てのために自動車がないと暮らしていけないない娘を見かねて、実家の両親が買ってくれたものだ。

離婚した後、両親を頼って近所に住むようになった真弓さんは、当初は、年金で暮らす両親が頼りだった。家や車を買ってくれたのは、その頃だ。

しかしその後、父親の体調が悪くなり、事態は一変した。真弓さんは、仕事をしながら父親の介護に通わなくてはならなくなり、時間的な負担が増した上に、経済的に頼ることもできなくなった。真弓さんは、時間的な余裕も経済的な余裕も、同時に失うことになったのだ。

去年、父親が亡《な》くなった後、今度は、母親の介護が必要になった。

その時間的な負担を背負った上に、父親の年金がもらえなくなった分、今度は、母親に月10万円ほど、支援しなければならなくなった。

「子どもたちも、これからお金がかかる年頃なんでね。私一人ではほんとに生活が苦しいんです」

こうして真弓さんは追い詰められていったのである。

家事は子どもの仕事

玄関先で真弓さんと話し込んでいると、奥の部屋からパジャマを着た2人の子どもたちがかわいい顔を見せた。

「挨拶《あいさつ》は？」

母親に促されて2人は、

「こんばんは」

と、挨拶をしてくれた。夜遅くに見慣れない来訪者を迎え、何者なのか知りたくてしょうがない様子で、母親のそばに来ると、ちょこんと座った。

小学5年生のなつみさん（仮名）10歳と、小学6年生の大樹くん（仮名）12歳。2人ともキラキラした大きな目で珍客をじっと見ている。人なつっこい瞳《ひとみ》で、興味津々《しんしん》といった様子だ。

「私が仕事でいない間は、この子らが家のことを全部やってくれるのでね、とっても助かってるんです」

掃除や洗濯などの家事は、小学生の子どもたちが手分けしてやっている、という。

幼い2人が母親の代わりをしていることに驚き、実際の様子を撮影させてもらうことにした。

２０１７年1月、正月休みが終わり、子どもたちが学校へ通い始めた頃、真弓さん一家の暮らしぶりに密着ロケをするため、カメラマンやロケスタッフとともに自宅を訪ねた。

小学校から子どもが帰ってくる午後3時ごろに着くように、真弓さんの家へ車で向かった。だいぶ近所まで来た時、横断歩道を渡るランドセル姿の女の子が目に留まった。なつみさんだ。放課後、友達とも遊ばずに、まっすぐに家に向かって一人で黙々と歩いていた。

タイミングよく出会ったなつみさんに呼びかけると、少し驚いた顔をした後、可愛《かわい》らしい笑顔を見せてくれた。

「お母さんから、テレビの人たち来るって聞いていたから」

なつみさんと一緒に自宅へ向かうと、鍵《かぎ》を開けて招き入れてくれた。到着した後、まず、お願いしたのは、なつみさんと大樹くんの「着替え」だった。

「子どもの貧困」をテーマにする以上、なつみさんと大樹くんは匿名《とくめい》で放送することにしていた。学校でいじめられたり、近所の人から噂《うわさ》されたりするなど、放送後の2人が心配だったためだ。2人の身元を隠して撮影するため、普段の洋服は止《や》めて、別の服に着替えて欲しいとお願いした。

事前に私たちが準備した洋服を渡すと、2人は、とても喜んで、すぐに着替えてくれた。真新しい洋服を着ることがほとんどない2人の喜びようは、私たちを安心させてくれた。特になつみさんは、ピンク色のモコモコしたデザインが気に入った様子で、その嬉《うれ》しそうな表情を見て、私たちも嬉しくなった。

撮影を始める前、2人には「普段通りに家で過ごして欲しい」とお願いした。その言葉を聞くやいなや、2人は早速、家事にとりかかった。節約のために暖房はつけていないため、家の中は、かなり冷え込んでいた。私たち、ロケスタッフは、厚手の上着を脱ぐことができないまま、撮影を始めることになった。

なつみさんは、まず洗面所へ向かった。手慣れた様子でカゴから洗濯機に洗濯物を入れ、洗剤を投入してスイッチを入れる――一連の動作は、驚くほどスムーズだ。

洗濯機が回り始めると、カゴを持ったまま、今度は玄関の外にあるポストへ向かい、夕刊をとって、庭へ回ると干してあった衣類をカゴに取り込み、再び家の中へ入った。そしてリビングに戻ると、部屋干ししてあったタオルと共に、てきぱきとたたみ始めた。その動作には、まったく無駄がない。みるみる洗濯物の山がなくなると、次は片付けだ。たたんだ衣類やタオルを所定の位置にしまっていく。

それが終わると、今度は台所へ――なつみさんは、小学生だということを忘れてしまうような仕草で朝食の皿やコップ、学校から持ち帰った水筒などを洗い始めた。

腕をまくって皿を洗う後ろ姿は、まさに「お母さん」そのものだ。これは、撮影のために特別にやっているのではなく、いつも習慣としてやっているということがよくわかる。

ちょうど同じ頃、リビングから掃除機の音が聞こえてきた。見ると、大樹くんが丁寧に掃除機をかけている。各部屋と廊下に一通りかけると、ファンヒーターのフィルターを掃除し始めた。それが終わると、学校で使うハンカチにアイロンをかけ始める。こちらも、なつみさんに負けず劣らず、手慣れたものだ。

しばらくして、洗濯機から「ピー、ピー」と終わった合図の音が聞こえてくると、なつみさんが洗濯物をカゴに移し、庭に出ると、次々と干していく。こうして2人は1時間ほどかけて、いつも通り家事をこなした。

同世代の子どもたちは、遊んでいる時間だろうに――私たちが複雑な思いでいることをよそに、次に2人はランドセルをダイニングテーブルの上に乗せ、漢字や算数のドリルを取り出して宿題を始めた。鉛筆を走らせるなつみさんに「どうして家事を手伝うようになったの？」と声をかけると、

「お母さんが忙しいから」

たった一言、短く答えた。その言葉にすべてが詰まっていた。

朝早くから夜遅くまで働いて疲れて帰ってくる母親をいつも見ているからこそ、当たり前のように続いているお手伝いなのだろう。「お手伝い、大変だね」と話しかけると、なつみさんは、そんなことより、お母さんと一緒に過ごせる時間が欲しいと話してくれた。

「お母さんは、朝の7時半に出て夜6時半か7時に帰ってくる。けっこう寂しい」

まだ親に甘えたい年頃の小学生が、当たり前に家事をこなし、寂しさを我慢している姿を見て、この家族にどういう支えが必要なのかを考えた。金銭的な支援だけではなく、家事の支援や子どもの学習支援なども同時に必要としているのではないか——すでにある支援を組み合わせることで、少しでも救われるのであれば、どうにかできないか、などと考えながら撮影を続けた。

午後7時ごろ、真弓さんが仕事から帰ってきた。

「ただいま」

なつみさんと大樹くんはすぐに玄関に走って、母親を出迎えた。真弓さんは、この日、夜から宿直の仕事もあるため、子どもたちに夕飯を食べさせたら、すぐにまた出かけることになっていた。

さっきまで大人びた表情で家事をこなしていたなつみさんと大樹くんが、お母さんの前では、子どもらしい表情に戻っていた。よほど帰りが待ち遠しかったのか、真弓さんがまだ上着も脱ぎ終わらないうちに、なつみさんは学校でもらってきた歯科検診の異常なしという結果を自慢げに見せていた。

真弓さんは、いつも通り洗濯物が干してあって、洗い物も済んでいることを確認すると、ほっとしたように笑顔を見せた。

「ありがたいです。子どもたちには、ただ、ただ感謝しています。ああやって家事をこなしてくれるからこそ、私は仕事に出させてもらえているのでね」

幼い子どもが踏ん張っているからこそ、お母さんが安心して働くことができる――真弓さんの家族も、互いを思いやり、家族の絆《きずな》で貧困を乗り越えようと奮闘していた。

その夜、真弓さんは、スマートフォンに大切に保存している1枚の写真を見せてくれた。

「私、びっくりしてね。感動したから撮っておいたんです」

それは、大樹くんからの2枚の置き手紙だった。1枚目に書かれていたのは、夜遅くに帰宅する母親への伝言。

水　はいっているから　わかしてね

台所のガスコンロの上に、水を入れたやかんが置いてあり、その横にこの手紙が置いてあった。「やかんに水を入れる時間さえ惜しい」とつぶやいたお母さんの言葉を覚えていた大樹くんは、やかんに水を入れておいてくれるようになったという。

そして、2枚目の置き手紙。

アイロン　あしたかけるから　やらなくていいよ

毎日の洗濯物にアイロンをかけるのは、自然と大樹くんの役目になっていたが、アイロンがけを残していると、夜遅く帰った後、疲れたお母さんが無理してやろうとするのではないかと心配して、残した置き手紙だった。

真弓さんは、その手紙を私たちに見せながら、顔をほころばせた。

「うれしいなあと思って。私は仕事から帰ってきたら、戦場かっていうぐらいバタバタするので、そういうのを見て自分からやってくれるんです」

小学生の2人の上には中学生の兄がいる。今回の取材には応じてもらえなかった。貧困であることを認めたくなかったのかもしれない――「お母さんのために」とがんばる2人の姿を見て、ふと、そう思った。兄もまたお母さん思いであるが故《ゆえ》に、今の状況を当たり前に受け止めているのだろう。だからこそ、貧困は「見えない」のだ。

大阪府の調査では、保護者が家にいる時間帯についての設問もある。

なつみさんと同じように、学校から帰っても家に親がいない子どもは、中央値以上の家庭が37・7％なのに対し、相対的貧困の家庭（困窮度Ⅰ）では50・1％に上った。相対的貧困の世帯では、半数の子どもが帰宅時に親がいないということにも驚いたが、平均以上の世帯でも4割近い子どもが帰宅時に親がいない、ということは、共働き世帯がそれだけ増えているということになるのだろう。

下校した後の子どもの過ごし方については、親の収入にかかわらず、子どもだけで過ごす時間をどう支えるのか、共通の問題があることに気づかされる結果となった。

物的資源の欠如とは

真弓さんは、「正社員として働き、持ち家に住んでいるため、家賃もかからない。そう聞いた時、生活はそれほど厳しくないのではないか、というのが第一印象だった。しかし、詳しく取材すると、高齢の母親に介護が必要になり、毎月10万円も支援をしなくてはならなくなったため、家計に余裕はなかった。特に、毎日かかる食費は、ギリギリまで切り詰め、家族4人で、一日およそ1000円程度に抑えている。

夕食の準備に取りかかろうと、慌《あわ》ただしく台所へ立った真弓さんは、食事の準備をしながら、節約の苦労を話してくれた。まず、見せてくれたのが、作り置きしたおにぎりだ。台所の棚の上に茶碗《ちゃわん》がいくつも並んでいて、それぞれに、ご飯を握っただけのシンプルなおにぎりが入っている。毎日ご飯を炊《た》いて、その日の午後に子どもたちが食べられるように冷まして置いておく。これは、主食ではなくて、おやつ代わりだ。

「おにぎりにしておけば、子どもたちがお腹空《なかす》いたときに、勝手に温めて海苔《のり》とかで食べるんで、いつもこうしているんです。お菓子は、結構な値段するし、お腹が膨れないので、ほとんど買ってないんですよ。だからご飯とか納豆とか、そういうのを置いておくんです」

お米の消費量が多いため、月に30キロ以上を購入している。白米ではなく七分づき米に決めている。「食べるところが多い方がいい」からだという。

買い物は、仕事帰りに済ませて、帰宅した後、前の日に作っておいたものを子どもたちに食べさせながら、翌日の夕飯を作り置きするというのが日課だ。

この日の夕飯は、前の晩に作っておいたチャーハン。それをさっと温めて、子どもたちに食べさせ、その間に、今度は、翌日の夕食になる餃子《ぎょうざ》を焼き始めた。一瞬の時間も無駄にしないための方策だった。

料理の最中、冷蔵庫を開けると、卵が大量に入っている。理由を聞くと――

「卵は高いって言っても1パック200円ぐらいですし。焼いたらおかずになるじゃないですか。だから卵は常にたくさん買ってます」

冷凍庫には、消費期限が近いため半額シールが貼《は》られた鶏肉を大量に買いだめしてあった。

「子どもがお肉好きなので。鶏肉は安いからこればっかり。半額なら倍買えるじゃないですか」

節約上手の真弓さんならではの工夫で家計をやりくりしていた。

お母さん手製のチャーハンを上機嫌で食べているなつみさんに、カメラマンが撮影しながら話しかけた。

「お母さんの料理で何が一番好きなの？」

「お好み焼きとオムレツ。3センチくらいの太さのオムレツ」

3センチくらいのオムレツというのは、卵をたっぷり使って、フワフワの厚みが3センチになるプレーンオムレツのことで、お母さん自慢の一品だ。なつみさんは、お皿に米粒一つ残さず綺麗《きれい》にチャーハンをたいらげた。

新しい衣服や靴が買えない

大阪府の実態調査では、保護者が1年間で「子どもに新しい服や靴を買うことができなかった」と答えた割合は、中央値以上では、わずか2・3％なのに対し、相対的貧困にあたる困窮度Ⅰでは、27・6％に上った。

真弓さんも、子どもたちの服や靴は他人のお下がりばかりだという。

「ほとんど全部、知り合いからの頂きものとかお下がりです。新しいのはなかなか買えないですよ、服は高いですしね」

真弓さんは、なつみさんの洋服が入っているタンスの引き出しを開けて見せてくれた。小学生になってからは、ほとんど新しい服を買ってあげられず、「最後に買ったのは、これ」と見せてくれたのは、小さな手袋だった。

「この手袋くらいですかね。私があの子に新品で買ってあげたのは。年齢が上がってきたら、いい物が欲しいって言うんですね。スーパーで売ってるような安物はいらないって。お下がりでもちょっと名の知れたようなブランドの可愛い服が欲しいって。だから、お下がりでそういうものをもらったり、バザーで売ってたら買ったりしてます」

いい物が欲しい、というのは、友達の持っている洋服を見て、うらやましいと思ったり、同じ洋服が欲しいと思ったりするからだろうか。子どもの欲しがる思いに応《こた》えようと、バザーで探してくるという真弓さんに、前向きな強さを感じさせられただけでなく、なぜか物を大切にする心を教えられたような気持ちになった。

大阪府の調査における「物的資源の欠如」にかかわる設問で、相対的貧困にあたる家庭の、厳しい実態が改めて浮かび上がった。

「子どもに関して経済的にできなかったこと」をたずねた保護者への設問では、明らかな剝奪の状況が明らかになったのである。

「子どもを医療機関に受診させることができなかった」
　中央値以上　０・６％　／　相対的貧困（困窮度Ⅰ）　７・７％
「子どもにおこづかいを渡すことができなかった」
　中央値以上　２・７％　／　相対的貧困（困窮度Ⅰ）　26・９％
「子どものための本や絵本が買えなかった」
　中央値以上　１・１％　／　相対的貧困（困窮度Ⅰ）　11・５％

　一方で、子どもへの設問では、物の種類によっては、持っている割合にあまり違いがない、という興味深い結果が出た。

「本（学校の教科書やマンガはのぞく）を持っていない」
　中央値以上　16・８％　／　相対的貧困（困窮度Ⅰ）　29・０％
「ゲーム機を持っていない」
　中央値以上　17・５％　／　相対的貧困（困窮度Ⅰ）　18・７％
「自転車を持っていない」
　中央値以上　５・９％　／　相対的貧困（困窮度Ⅰ）　６・４％

「テレビを持っていない」
中央値以上 22・7% ／ 相対的貧困（困窮度Ⅰ） 24・4%

結果を見ると、ゲーム機やテレビといった、子どもにとって「情報」を入手するいわばライフラインのようなものは、相対的貧困の家庭の子どもでも持っていることが分かった。

また、自転車の保有も電車代やバス代を使わずに出かけるためにも、生活手段として欠かせないため、差が出ないのだろう。さらに、設問の中には、相対的貧困の家庭の子どもの方が持っている割合が高く、予想外の結果に驚かされる内容もあった。

それは、スマートフォンを持っているかどうか、という設問だった。

「スマートフォン・タブレット機器（通話等アプリ・ラインやツイッター、フェイスブックなどできるもの）を持っている」
中央値以上 56・5% ／ 相対的貧困（困窮度Ⅰ） 61・5%

前章でも触れているが、スマートフォンは、仕事で家を留守にしがちな親との連絡手段として、家族のライフラインになっていたり、親子の会話のツールとしても欠かせないものだったりするため、相対的貧困の家庭ほど、重要度は高い。

むしろ、経済的に余裕のある家庭では「ゲームをさせたくないから、スマホを持たせていない」といったケースもあることが分かった。こうした双方の事情が、持っている割合が他とは逆転する結果を生じさせた可能性がある。

人とのつながりの欠如

さらに、調査では、「人とのつながり」が持てているのか、についても細かく分析している。人とのつながりは、子どもが健全に成長していくために重要な要素だからだ。

調査の結果、相対的貧困の家庭で、顕著に欠けている項目が明らかになった。

「家族旅行（テーマパークなど日帰りのおでかけを含む）ができなかった」
中央値以上　7・8％　／　相対的貧困（困窮度Ⅰ）　46・2％

家族旅行は、家族のつながりを育《はぐく》み、子どもにとって大切な思い出にもなるものだが、経済的に厳しい世帯にとって、真っ先に節約される項目であることがはっきりと示された。

真弓さんに、最近、家族旅行をしたか、聞いてみた。

「うちは、行ったことがない。いまだ、一度も行ったことがないです」

真弓さんは、泊まりの旅行には、行ったことがないと答えた。日帰りの旅行は、1年以上前に、奈良公園になつみさんと大樹くんと3人で行ったのが最後だ。夏には、海に行きたいとせがまれたが、仕事の休みが取れず、連れて行くことができなかった。

「休みが取れたとしてもお金がないから、行けないんだけど」

仕事を休めば、収入が減ってしまうし、遊びに行けば、お金を使うだけ——家族旅行は遠い夢だ。この夏は、市民プールに子ども同士で行かせることが、精一杯だった。

そんな真弓さんにとって辛《つら》いのが、子どもたちが学校で友達から旅行のお土産をもらってくることだ。毎年、夏休みや冬休みが明けると、周りの友達がストラップや、ボールペン、メモ帳など、かわいいお土産を買ってきてくれる。その度、なつみさんは、ぼやいているという。

「友達から、もらうばかりで、私は全然お返しできない」

真弓さんは、子どもたちが、母子家庭で大変な思いをしていることについて友達には本音を隠していることも、気がかりだという。

「学校で、親がどんな仕事をしているかとか、何時から何時まで働いていてお休みはどうだとか、お金はどのくらいもらっているか、ということまで友達との会話で出てくるらしくて。それで、やっぱり私みたいに昼も夜も働いているお母さんは、周りにいなくて、どういうこと？ お金はどうしているの？ と、いろいろと訊かれるみたいで。以前は本当のことを言っていたみたいですけど、最近は、よそではそういう話はしちゃだめだって伝えています」

子どもたちが、正直に話すことで、かえって気を遣われたり、違った目で見られたりするのではないか、と真弓さんは心配していた。経済的な理由で子どもが孤立してしまうことだけは避けたかったからだ。

これも前章で触れているが、経済的に困窮している家庭では、子どもが孤立しがちなだけでなく、親も孤立を深めてしまうことが多い。「あなたが本当に困ったときや悩みがあるとき、相談相手や相談先はどこですか」という保護者への調査の結果、

「配偶者・パートナー」の割合が全体では最も高かった。

「配偶者・パートナー」

中央値以上　85・8%　／　相対的貧困（困窮度Ⅰ）46・5%

一方、相談相手として「学校の先生やスクールカウンセラー」を選択した親は、困窮度にかかわらず、10数%と低く、学校の先生は相談相手になっていないことが分かった。さらに、「公的機関や役所の相談員」を選択した人は、すべての困窮度でさらに低い5%以下で、行政機関も困った人の受け皿になっていないことがはっきりと数字で示された。

真弓さんにも大阪府のアンケート調査に答えてもらった。相談相手についての設問に、真弓さんが丸をつけたのは、「相談できる相手がいない」という項目だった。

「誰にも相談できへんし、行政機関は他人《ひと》事《ごと》です。対応が悪いってわけではないんですけど、親身になってもらえない」

真弓さんは、これまで公的な相談窓口のほとんどに足を運んでいた。子ども家庭センターや教育委員会のひとり親家庭支援の部署、自治体の福祉課など、すべての機関に出向き、相談してみたが、どの窓口で応対してくれた人も「所詮《しょせん》、他人事」という対応だった。

仕事で忙しい中、無理をして時間を作って足を運んでも、全く収穫はなかったため、頼らなくなっていったという。

「一回行ったら2〜3時間はかかるし、仕事は休まないとだめじゃないですか。それでいい答えがもらえるかというと、児童相談所に相談してくださいとか、別の公的機関に回ってくださいとか、そういうお返事なんでね。だから私は、もう行政の相談機関は全然利用しようとは思わないですね」

今、真弓さんの最大の悩みは、時間がないことだ。

「時間が足りない。1日の24時間では足りないっていうのをすごく思いますね」

少しでも時間ができれば、子どもと過ごす時間を増やしたいと思っている。

「子どもと一緒にくつろいだり、一緒にテレビを見たり、そういう時間がなかなか持てないので、毎日家に帰って1時間くらいの夕食の時間は、貴重なコミュニケーションの時間です」

子どもたちも、真弓さんと過ごすわずかな時間、心置きなくお母さんに甘えている。

「2人とも一緒にいるときは甘えてばっかりで。特に男の子なんて甘えん坊で、もっと私との時間が欲しい、寂しいって言いますね。常に近くに寄ってきてくっついてべったりなんですけど。女の子のほうも、寝るときは一緒です。同じ布団《ふとん》で寄り添って寝てるんで、私が遅れて布団に入るときは必ず抱きしめて欲しいって言われます」

そのとき、2階から「ドン」「ドン」と、大きな物音が聞こえてきた。

「また、上で喧嘩《けんか》している」

真弓さんが顔をしかめた。

なつみさんが大樹くんと喧嘩をして、壁を思いきり蹴《け》っているようだ。こうなると、真弓さんが行って、2人をなだめないと収まらない。普段、まるで大人のようにしっかり家事をこなしている反動からなのか、母親が家にいるときに甘えることができないと、感情をむき出しにすることが度々あるという。

しっかりしているとはいえ、まだ小学生だ。日頃、我慢しているストレスが、こういう形で表れているのかもしれない。

真弓さんは、子どもたちが、お母さんと一緒に過ごしたいために再婚をせがむようになった、と笑いながら話してくれた。

「お母さん、できたら再婚してって言われます。私はいつも、『お父さんがいないから、お母さんがお父さんの役目をして外で働いて、帰ってきたら今度はお母さんの役割をせなあかんから大変や』って言っていたので、子どもたちは、自分たちをかわいがってくれて、お母さんが働かなくていいように、お父さんが欲しいねって言うんですよ」

そんな真弓さんは、忙しすぎて再婚相手を探す時間など、到底なさそうだった。

ヒューマン・キャピタルの欠如

「ヒューマン・キャピタル」とは、「子どもの成長に必要な教育や経験」のことだが、その機会が奪われている実態も調査で明らかになった。

「子どもを学習塾に通わすことができなかった」
　中央値以上　３・６％／　相対的貧困（困窮度Ⅰ）　35・７％
「子どもを習い事に通わすことができなかった」
　中央値以上　３・３％／　相対的貧困（困窮度Ⅰ）　31・１％

なつみさんも大樹くんも、塾や習い事には通っていない。真弓さんは、余裕があれば行かせてあげたいが、今の状態ではとても無理だと話してくれた。

「お兄ちゃんはサッカーのクラブや塾に行きたいらしくて。サッカーに行くとなったら、親がついて行かなあかんじゃないですか。なつみは、プールと、そろばんと習字を習いたいって言っているけど、一つの習い事で月に5000円くらいと交通費がかかるから、出費が大きいんですよ。そのお金があれば、お米が買えたりするなぁと思ってしまう」

大阪府のアンケート調査に回答したなつみさんの用紙を見ると、学習塾に通っていない理由を訊《き》いた設問で「通いたいが、親に月謝などの負担をかけられない」という項目に丸をしていた。

さらに、学校の勉強についてどのくらい理解しているか、自分の気持ちに一番近いものとして、「よくわかる」「だいたいわかる」など5項目の中から、「ほとんどわからない」と回答していた。また、いま悩んでいることとして、「ともだちのこと」「好きな人のこと」など10項目の中で、「おうちのこと」「学校や勉強のこと」「進学・進路のこと」に丸をつけていた。家庭事情や自分の将来について不安を抱えていることがわかる。

その一方、なつみさんは、将来、どの学校まで行きたいかという設問に対しては、「大学院」と答えている。意欲がないわけではないのだ。

真弓さんは、子どもたちを大学に進学させたいと思っている。しかし、学費が本当に工面できるのか、今から心配だと話してくれた。

「国公立に行けたらいいですけど、学力的なこともありますし、どちらにしても塾に行かせるなど、教育に投資しないとだめじゃないですか。自分の老後より、この子たちの学費が心配です。お金がなくて行けなかったというのでは、やっぱりかわいそうだと思って」

真弓さんの休みは現在、週に一日、日曜日だけだ。それでも将来のために、下の子どもたちが中学生になったら、日曜日にも新たに仕事を始めようと考えている。日払いの試験監督の仕事だ。働けるようになったら、すぐに働くため、すでに登録は済ませているという。

「一回行けば、日給1万円以上稼げたりするので、すごく割がいい仕事なんです」

大阪府の調査から、困窮世帯では、子どもの将来のための貯蓄ができていない実態も浮かび上がっている。

「子どもの将来のための貯蓄ができない」

中央値以上　20・7％　／　相対的貧困（困窮度Ⅰ）　70・2％

子どもが大学進学をあきらめざるを得なかったり、奨学金を借りる学生が増えたりしているのは、こうしたことが起因しているのだ。

一方、経済的に厳しい世帯に支援が行き届いていないことも調査から浮かび上がった。低所得世帯の小・中学生に学用品代や給食費を支援する「就学援助」の制度があるが、受けていない世帯が少なくない。就学援助を受けられるはずの「困窮度Ⅰ」の世帯でも、就学援助を「受けている」のは60・1％と、4割ほどの世帯は受けていないことが分かる。原因のひとつは、制度を知らないことだ。こうした支援制度を周知していく必要があることも、調査結果から改めて分かったのだ。

夜9時。真弓さんがかけもちしている宿直の仕事に出かける時間が来た。パジャマ姿の子どもたちが、お母さんを見送ろうと玄関に出てきた。

「携帯持った？」

しっかり者のなつみさんは、うっかり屋のお母さんが忘れ物をしていないか、いつもチェックしてくれる。真弓さんの泊まり道具の入った大きいバッグをなつみさんと大樹くんが玄関まで運んできた。真弓さんは、それを受け取ると、車に乗り込んだ。寒空の下、パジャマだけしか着ていない子どもたちは、それでも車が見えなくなるまで見送っていた。

真弓さんが帰ってくるのは翌朝7時。この晩は、子どもたちだけで眠りについた。

対策はどう進めるのか？

「見えない貧困」をどう解決していけばいいのか。大阪府の実態調査に協力した大阪府立大学大学院人間社会システム科学研究科の山野則子教授は一つの案として、「貧困マップ」を作って、各自治体が独自の施策を打ち出していくことを提言している。

大阪府の調査の個票には、ひとつひとつナンバリングしてあり、どの小学校区・中学校区で回答したものか、分類できる。もちろん、個人名は伏せられていて、個人情報には配慮してデータ解析できるようになっている。分析の結果、どの地域にどれぐらい困窮世帯が分布しているのか、地図上にプロットすることができる。いわば、貧困のハザードマップだ。

　こうして作成した地図を見れば、必要なところに、必要とされる支援の仕組みを作ることができるようになる。「子ども食堂」や「学習支援教室」などは、こうしたマップを活用して、例えば、困窮世帯が多く、「朝食や夕食が食べられない」と回答した子どもが多いエリアには「子ども食堂」を設置したり、「塾に通えない」と答えた家庭が多いエリアには「無料の学習支援教室」を設置するなど、戦略的に対策を行うことができるようになる。

　一方で、このマップを公表すると、その地域に暮らす人への差別や偏見を助長するだけでなく、地価が下がったりするのではないか、などと懸念《けねん》する人も少なくない。山野教授は、マップは公表せず、行政関係者が貧困対策に役立てるためのツールとして活用するのが現実的ではないか、と指摘している。

「今後は、全体的な対策をしていく一方で、明確にターゲットを絞って支援を届けていくような施策も行っていかなければならないと思います。そのためには、助けを必要としている子どもを把握するための仕組みを作らないといけない。今回の実態調査をそこで生かすことができると思います」

「お母さんが好きだから」

真弓さんの家族の撮影ロケを終えて、何かお礼をしたいと思った私たちは、なつみさん、大樹くんと一緒に買い物に出かけた。家族にたっぷり食べてもらいたくて、15キロの米を2袋購入したあと、子どもたちと100円ショップに寄った。

なつみさん、大樹くんにも「ありがとう」の思いを伝えたくて、「ここでは好きなものを5個ずつ買ってあげる」と言ったら、2人はとても喜んで、店の中へ勢いよく駆けて行った。

大樹くんが真っ先に持って来たのは、「布団たたき」だった。布団を干す手伝いをしているとき、なくてお母さんが困っていることを知っていたからだ。その後も、大樹くんは、自転車に取り付けると夜間に光を発するバルブキャップや、おにぎりにかけるための「ふりかけ」など、実用的なものを手に取った。最後に、ペットボトルのジュースと、音を鳴らして遊ぶためのホイッスルを手に、満足気にしていた。

なつみさんは、6年生になったら修学旅行に持っていきたいという「くし」、可愛らしいクマのキーホルダー、そのキーホルダーをランドセルに取り付けるために使うアルミ製のカラビナなど、女の子らしいものを手に取った。そして4つ目には、大樹くん同様、ペットボトルのジュースを選び、残り1つをどうするか悩んでいた。お菓子の棚の前でしばらく考え込んでいたが、ふと思いついて違う棚に向かった。しばらくして持って来たのが、いちごミルクのキャンディー。なぜ、それを選んだのか訊いたら、

「お母さんが好きだから」

と嬉しそうに答えた。

なつみさんも大樹くんも、普段、お小遣いをもらっていない。欲しいものだって、たくさんあるはずだ。それでも、お母さんの笑顔が見たかったに違いない。子どもたちの無邪気さに胸が熱くなった。

子どもたちの声を潰《つぶ》さない社会に

NHKスペシャル『見えない〝貧困〟』の放送を終えた1ヶ月後の2017年3月、春休みを迎えた若者たちで賑《にぎ》わう原宿の街を歩いていた。スマートフォンを手に、お洒落《しゃれ》をして、街を行き交う子どもたちとすれ違うたびに、この中にも経済的に困窮し、

一人では抱えきれないほどの重荷を背負っている子どもが少なくないはずだ、と思いながら、歩いた。

番組のエンディングでは、決して声をあげようとしない、それでも「伝えたいことがある」という子どもたちの「声」を伝えた。

「同じ高校生でも、見ている世界や将来の夢は様々です。しかし、その100通りの違いが、格差であってはいけない」（女子高校生）

「ほんとにやりたいことが奪われるのってどうなんだろう。すごく不安になる。学費の問題で苦しんだりするのは、想像したくないくらい怖い」（男子高校生）

「兄と自分とお母さんで、みんなで泣きながら過ごした日々を送っていたんですけど、自分がそんな立場だからこそ、社会に訴えて貧困問題とかも自分から、自ら取り組んで……。こんな社会、こんなクソみたいな社会変えてやりたいって思っていて」（女子中学生）

そして、番組の最後に伝えた「声」は、奨学金という借金を背負って進学することになった真央さんの言葉だ。

「経済的な問題は、自分が頑張れば、どうにかなるっていうことでもない。合格は勉強を頑張ればできるけど、入学するのはお金がなければ難しいですよね。奨学金を借りると言っても限度があるので、そういう面でしんどいです」

真央さんが私たちに最も伝えたかったこと、それが最後の言葉になった。

「世の中は、子どもや若者にちょっと無関心かなって思う。オリンピックとか、高齢化とか、そんなところには目がいくのに、実際にこれからの日本を支えていく高校生とかが苦しい現状に、ちゃんと目がいっていますかって……。もっと、見て欲しい」

最後に絞り出すように、話してくれた言葉——「もっと、見て欲しい」。

私たちは、この言葉を番組のラストメッセージにした。そして、それは見ている人たちに最後に伝えたい言葉でもあり、私たち自身が、これから背負っていく言葉にもなった。

子どもたちの「見えない貧困」。しかし、見えないからといって、見ないままにしてはならない。私たち、大人が見ようとしなければならない。そして、貧困を知ることができたら、どうすれば子どもたちを支えられるのか、考えていかなくてはならない。

子どもの「見えない貧困」の解決のためにできることは何なのか。私たちは、それを考えていくためのスタートラインに立ったに過ぎない。

おわりに

「『見えない貧困』は、見えないようにしているんですよね。私自身も母子家庭なので、分かることがたくさんあります。本当に、子どもながらに知らない間に我慢を覚えてしまうんですよね。もっと子どもらしくしていいんですけど、親が苦しい状態にあると、なんで自分はお父さんとかお母さんの力になってあげられないんだろうっていう苦しさがすごくある。私も母がそうなった時に、早く家庭にお金を入れたいと思いましたけど、それは難しい。じゃあ、どうしたらいいか分からない。未来を希望あるものにするためには、ある程度環境が必要じゃないですか。(今の社会は) その環境が足りない。苦しい状況だと思いました」

この言葉は、2017年2月12日に放送されたNHKスペシャル『見えない〝貧困〟~未来を奪われる子どもたち~』でキャスターを務めてくださった元AKB48でタレントの高橋みなみさんが、ご自身の体験をふまえて語ったものだ。

序章でも述べたように、NHKスペシャル『ワーキングプア』が、現代社会を浸食し始めた〝貧困〟に警鐘を鳴らしたのは2006年。私自身、2014年に以来、NHKは様々な視点で貧困問題を検証し続けてきた。『調査報告　女性たちの貧困』『子どもの未来を救え』（それぞれNHKスペシャル）などの特集番組を制作したが、放送後、歯痒《はがゆ》さともどかしさを感じるのが常だった。

それは、「看過できない問題である」という危機感を伴った反響の中に、必ずと言って良いほど「出演者は貧困には見えない」「昔はもっと貧しかった」「携帯電話など高価な物を持っているじゃないか」という批判（非難）の声が混じっていたからである。

他方、メディアで貧困報道がなされるたびにインターネット上ではバッシングめいた苛烈《かれつ》な言説が飛び交い、時に政治家までがそれに荷担するかのような発言を行うのを見るにつけ（さらにはその発言を褒めそやすような〝空気〟を感じるにつけ）、曰《いわ》く言いがたい気持ちに苛《さいな》まれていた。

NHKスペシャル『見えない〝貧困〟』とそれに続く本書は、そうした社会の風潮に風穴を開けたいと貧困の可視化に挑んだディレクターたちの試行錯誤の記録である。

そして同時に、「同世代の多くの仲間が苦しい生活を強いられていることを知って欲しい」と、取材を引き受けてくれた子どもたちの勇気の記録でもある。

番組の放送後、厚生労働省は２０１６年度の「国民生活基礎調査」を発表した。それによると２０１５年時点の「子どもの貧困率」は13・9％と12年ぶりに改善した。しかし、改善が見られたとはいえ、今なお子どもたちの７人に１人が貧困状態におかれている。ひとり親世帯の貧困率も３・８ポイント改善したものの、50・８％とＯＥＣＤ（経済協力開発機構）加盟国の中で依然として最低水準である。子どもたちが人生のスタート地点で未来への希望を失わないために、国や自治体、民間の支援団体、そして私たちメディアが取り組まなければならないことは山積したままだ。

高橋みなみさんが番組の最後に訴えた言葉を本書のまとめとしたい。

「どうしても手を上げて『厳しいです』というところに目を向けて助けようとしますけど、やはり、（昔の自分のように）声を上げられず苦しんでいる子どもたちが大勢いるんだということを改めて感じました。子どもが子どもとして生きる権利、親が親として生きる権利は確実にあると私は思います。そして、それを守るのは国や大人たちなんじゃないかと思います。本当に一人でも多くの方に現実を知っていただいて、何か感じていただけたら嬉《うれ》しいです」

高橋みなみさんは番組の最後にこう訴えた。

「声を上げられず苦しんでいる子どもたち」

「子どもとして生きる権利」

ご自身の経験があるからこそのとても重い言葉である。

私たちの社会は、声なき声に耳を澄ませ、自分の未来に不安を感じることなく成長していくことができる〝権利〟を子どもたちに与えることは出来るのか。番組スタッフの自問自答は続いている。

NHK大型企画開発センター　チーフ・プロデューサー　三村忠史

執筆者プロフィール（五十音順）

新井　直之（あらい・なおゆき）

1982年生まれ　明治大学法学部卒業。2005年NHK入局。放送総局首都圏放送センター、仙台放送局、報道局社会番組部、大阪放送局報道部を経て現在報道局社会番組部ディレクター。主な担当番組は、地方発ドキュメンタリー『逆境を生き抜け～急増〝チャイルド・プア〟闘う現場～』（13年）、NHKスペシャル『子どもの未来を救え～貧困の連鎖を断ち切るために～』（14年）など。

板垣　淑子（いたがき・よしこ）

1970年生まれ　東北大学法学部卒業。94年NHK入局。報道局制作センター、仙台放送局、報道局社会番組部、大型企画開発センター、名古屋放送局報道部を経て現在報道局社会番組部。主な担当番組（すべてNHKスペシャル）は、『ワーキングプア～働いても働いても豊かになれない～』（2006年・ギャラクシー賞大賞）、『無縁社会～〝無縁死〟3万2千人の衝撃～』（10年・菊池寛賞）、『終の住処はどこに　老人漂流社会』（13年・アメリカ国際フィルム・ビデオフェスティバルゴールドカメラ賞）、ほか多数。14年には、放送文化基金賞個人賞を受賞。

板倉　弘政（いたくら・ひろまさ）

1974年生まれ　早稲田大学教育学部卒業。97年NHK入局。長野放送局、報道局社会部、神戸放送局、報道局社会部を経て、首都圏放送センター副部長。警視庁捜査1課や警察庁を担当し、世田谷一家殺害事件や、オウム真理教事件、秋葉原通り魔殺人事件、障害者殺傷事件などを取材するとともに、大型番組の制作にも携わる。主な担当番組（すべてNHKスペシャル）は、『ワーキングプア』シリーズ（2006年・ギャラクシー賞大賞）、『ヤクザマネー～社会を蝕む闇の資金～』（07年）、『無縁社会』シリーズ（10年～）、『未解決事件』シリーズ（13～15年）、『調査報告　女性たちの貧困』（14年）など。

小林竜夫（こばやし・たつお）

1971年生まれ　早稲田大学文学部卒業。93年NHK入局。社会情報番組部、政経・国際番組部、社会番組部『クローズアップ現代+』などを経て、現在、青森放送局放送部ディレクター。主な担当番組（すべてNHKスペシャル）は、『巨樹生命の不思議～緑の魔境・和賀山塊～』（2006年）、『ワーキングプア』（同）、『東日本大震災　追跡　復興予算19兆円』（12年）、『シリーズ東日本大震災　復興正念場の夏～〝建設バブル〟と被災地～』（14年）など。共著に『新日鉄VSミタル』（ダイヤモンド社）。

高橋　裕太（たかはし・ゆうた）
1984年生まれ　東京大学法学部卒業。2008年NHK入局。山口放送局、『おはよう日本』などを経て、報道局社会番組部。主な担当番組は、NHKスペシャル『産みたいのに　産めない～卵子老化の衝撃～』（12年）、クローズアップ現代+『〝奨学金破産〟の衝撃　若者が…家族が…』（16年）、『シリーズ障害者殺傷事件の真実』（17年）など。

三村　忠史（みむら・ただし）
1972年生まれ　早稲田大学商学部卒業。96年NHK入局。松江放送局、報道局社会番組部、大阪局報道部を経て、現在、大型企画開発センター。主な担当番組（すべてNHKスペシャル）は、『SARSと闘った男～医師ウルバニ　27日間の記録～』（2004年・放送文化基金賞本賞）、『圓の戦争』（11年）、『〝いのちの記録〟を未来へ～震災ビッグデータ～』（13年・科学ジャーナリスト賞）、『ある文民警察官の死～カンボジアPKO　23年目の告白～』（16年・文化庁芸術祭賞優秀賞／ギャラクシー賞大賞／放送文化基金賞最優秀賞）。15年には、放送文化基金賞個人賞を受賞。

【放送記録】

NHKスペシャル　見えない〝貧困〟～未来を奪われる子どもたち～
2017年2月12日放送

【キャスター】鎌田靖（解説主幹）
高橋みなみ（元AKB48）
【語り】柴田祐規子アナウンサー
【撮影】宝代智夫
【照明】伊藤尊之
【音声】前川秀行
【映像技術】八木淳
【映像デザイン】山本享二

【CG制作】宮嶋有樹
【音響効果】滝澤俊和
【編集】小澤良美
樋口俊明
【リサーチャー】鈴田明美
【取材】小倉真依
村石多佳子

【ディレクター】高橋裕太
小林竜夫
新井直之
宮崎亮希
岡本直史
【プロデューサー】鹿野恵功
【制作統括】板垣淑子
板倉弘政
三村忠史

＊本書は2017年2月12日に放送されたNHKスペシャル『見えない〝貧困〟～未来を奪われる子どもたち～』をベースに書き下ろされたものです。本書で引用したデータは、基本的に取材当時のものです。

解　説

荻上チキ

本書は、２０１７年２月にＮＨＫスペシャルで放送された「見えない〝貧困〟〜未来を奪われる子どもたち〜」での取材内容をまとめたもの。単行本は２０１８年に刊行され、そして２０２０年に文庫化されることとなった。まず、この本が書かれた時代的背景について振り返っておこう。

１９９０年代から日本社会は、長引く低成長・デフレ不況に直面していた。90年代から２０１０年代までの経済成長率平均は１％を下回り、00年代からはインフレ／デフレ状況を確認するための消費者物価指数（コアコアＣＰＩ）でも、0を下回る状況、すなわちデフレの悪循環状況が継続していた。

数字以外でも見てみよう。例えば新語・流行語大賞のノミネートワードのうち、経済関連の言葉を見返してみる。98年には「貸し渋り」、02年には「貸し剝《は》がし」、03年「年収３００万円」、04年「自己責任」、05年「富裕層」、06年「格差社会」、07年「ネットカフェ難民」、08年「蟹工船《かにこうせん》」、09年「派遣切り」など、ネガティブなワードが続いていることがわかる。なお、本書タイトルにもある「ワーキングプア」という語も、06年にNHKが特集したことにより、注目を集めるようになった。

10年代に入ると、その雰囲気も変わる。経済関連のワードが飛び飛びのノミネートとなり、13年「アベノミクス」「ブラック企業」、15年「爆買い」、16年「マイナス金利」、19年「軽減税率」と、明らかにトーンが違う。こうしたワードセンスの変化は、同時代を生きた者として、大いに腑《ふ》に落ちるところがある。

00年代は、貧困や格差が社会問題であると、ミクロ的な観点から訴えていく議論がゆっくりと登場してきた。中間層の緩やかな崩壊が始まる、90年代の曖昧《あいまい》な空気とも違う。明らかな、実感せざるを得ない閉塞《へいそく》感。生活苦を訴える論点が次々に「発見」される中、政権が入れ替わるごとに、いくつか手段を講じてきた。地域振興券、構造改革、民営化路線、定額給付金、事業仕分け。いずれも、景気の安定的改善に手応《てごた》えが得られなかった。

長らく生活改善の兆《きざ》しが見られないことや、「消えた年金問題」などの不信が重なり、何度となく首相の辞任が繰り返され、政権交代にまで至った。しかし新政権である民主党もまた、デフレ不況に対して効果的な経済政策を打てず、円高と株安はより深刻なものとなる。デフレ不況とゼロ成長は、あたかも宿命のように語られていた。

そして12年末、再び政権交代。第二次安倍政権は、脱デフレを目標に「アベノミクス3本の矢」を声高に叫び、マクロ経済の改善を強調し続けた。13年以降、新語・流行語大賞の候補に選ばれたワードは、「ブラック企業」を除けば、マクロ政策的観点から発せられたものが続いていた。

13年以降、デフレは緩和され、雇用は増え、有効求人倍率も改善、株価も大きく上昇した。マクロ経済の指数は、いくつかの面で明らかに改善したと言える。他方で、消費税の二度の増税により、消費に冷や水が浴びせられた。また、例えば憲法学者の多くが反対してなお集団的自衛権を認めたように、経済領域においてもまた、経済学者の多くが反対してなお、食品や新聞などを対象とした軽減税率は断行された。

民主党政権時代、野党の立場であった自民党は、「生活保護の不正受給」を攻撃し続けた。政権交代後は、生活保護の受給要件や支給額を厳しいものに変えた。このように新政権は、再分配政策、すなわち「困っている人」に届く支援に対して、消極的な姿勢が見えた。財政支出、とりわけ低所得層などへの再分配不足が指摘される中、施政方針演説などの場面でも、安倍総理は「格差是正」については触れるが、「貧困」についてはほとんど触れないという特徴も見られた。

安倍政権は、「女性活躍」「一億総活躍」とは述べるが、「男女平等」「女性差別撤廃」などの語彙《ごい》を使用する場面は限られていた。こうした言葉選びに見られるバイアスは、その政権の性格のようなものを表していると言える。どのような言葉に向き合い、どのような議題に対峙《たいじ》するか。政治や言論の場に携わる者の姿勢を、これほど浮き彫りにするものはない。

「働き方改革」と訴えるものの、過労死の問題は軽視された。外国人労働者の受け入れ拡大とは訴えるものの、足元の人権侵害は放置された。この両者の問題いずれにおいても、所管省庁によるデータ改竄《かいざん》問題が発覚したのは、偶然とは言い難いだろう。

マクロな改善を行うことは重要だが、それと同時に、分断を乗り越えるための政治的メッセージを出すこともまた、政治家の役割である。しかし、ここしばらくの政治動向を振り返っても、自己責任論を抑制し、弱者へのバッシングに抗議するような姿勢は極めて不十分であったとみなさざるをえない。そう、「不十分」と「弱者軽視」。これは、安倍政権7年8ヶ月の、特に経済政策における一貫した傾向とも言える。

本書は、こうしたタイミングで送り出された。現在の政治的議題設定から取りこぼされた、小さき声を汲《く》み上げるのが、メディアの仕事である。格差や相対的貧困の問題は変わらず存在する。高校無償化や教育改革などを重視する政権下において、学業と労働、双方で不安定な若者たちがいる。そんな風景を、本書は活写している。

絶対的貧困と比べて相対的貧困は、とかく軽視されがちだ。もはや戦後ではない。そう宣言されて随分とたったが、戦後間もなくのような貧困状況でないのだから、あるいは「本当の」貧困国よりもマシなのだからと、その窮状に共感しない反応も多い。付言すれば、戦後ですら、財政苦や「私だって苦しい」を根拠に、自己責任として切り捨てるような世論は存在したが。

「真に困っている人」というフレーズも、安倍政権では多用された。同様に、メディアを通じて困窮を伝える人々に対しても、「本当の貧困ではない」と攻撃する反応もしばしば見られる。本書の元となった番組が放送された後も、ウェブ上では、「家にある物が不釣り合いに高いのではないか」「もっと切り詰められるはずだ」という、恒例の反応が多く見られた。

こうした被害者非難は、様々な被害を訴えた際、社会的弱者に対して定番のように繰り広げられるものだ。それは、メディア経由で社会的不安や認知的不協和を得た人々による、自衛のための反応である。

人は、この社会が不公正なものであると捉《とら》えてしまうと、幸福度が下がり、挑戦に及び腰になってしまう。だから、「この社会は相応に公正である」という見方を持ち、その社会に適応している自分は守られ、成功するという信念を抱く。これを公正世界仮説あるいは公正世界信念という。

数々の心理学実験が、公正世界信念の持ち主ほど、被害者非難をしつつ、自身は高い幸福度と、社会的成功を得やすいと示している。この社会は公正であり、だからこそ自分は成功できる。社会が不公正であると指摘する報道がもたらされた時、公正世界仮説の持ち主は、強く反発する。「社会が不公正なのではなく、その個人に何かしらの因果応報性があったのだ」と。そして、世界が公正であることを証明し、自らの心理的安定を確保するため、不公正の餌食《えじき》になった個人を、「自己責任」の領域に押し戻そうとする。

しかし、人々が自らの信念に基づき、心理的安定を求めようとする「自己責任」バッシングは、社会的なセーフティネットを破壊し、将来の自分や身近な人間にも影響する。また、本人が直接困窮せずとも、間接的な仕方で、社会の質の低下に寄与することになってしまう。

格差や相対的貧困は、低所得層と中間層との間にある壁が見えず、地続きであると錯覚させるが故《ゆえ》に、当事者に剝奪《はくだつ》感を生じさせる。そのことにより、幸福感を下げ、学習意欲や自己肯定感を低下させ、健康格差や死亡リスクを増大させる。社会的には、治安の悪化や社会保障リスクを増大させる。その損害は、当然ながら、相対的に豊かな人にも及ぶことになる。

では、どうすればいいか。人々が貧困に共感しないのは、その景色を共有していないことによる無理解が第一にある。そして、共有したくない、共感したくない、と拒絶する心理が第二にある。そこに対し、有無を言わさぬ事実を提示すること。そして、その先の選択肢へと導いていく作業が求められる。

前者はジャーナリストの役割であり、本書の意義もそこにある。そして、さらに、「未来」につなげていくためには、読者の反応が問われている。

これは、バトンリレーのようなもの。社会問題が存在することを明らかにすること。適切な手段を講じれば、社会はいずれ、より公正な状態に近づけると信じ、動くこと。こうした作業を続けることで、メディア、社会、政治の連環がリブート（再始動）される。そのためには、評論家、政治家、社会活動家の役割もさることながら、「より良き公正社会を諦《あきら》めない市民」の存在が不可欠となる。

本書はあなたにもバトンを渡した。「見なかったことにしない」ことからの、社会づくりに参加することが求められている。

（令和二年九月、評論家）

この作品は平成三十年二月新潮社より刊行された。

高《こう》校《こう》生《せい》ワーキングプア
「見えない貧困」の真実

新潮文庫　え－20－13

令和二年十一月一日発行

著者　NHKスペシャル取材班《しゅざいはん》

発行者　佐藤隆信

発行所　株式会社新潮社

郵便番号　一六二―八七一一
東京都新宿区矢来町七一
電話　編集部(〇三)三二六六―五四四〇
　　　読者係(〇三)三二六六―五一一一
https://www.shinchosha.co.jp

価格はカバーに表示してあります。

乱丁・落丁本は、ご面倒ですが小社読者係宛ご送付ください。送料小社負担にてお取替えいたします。

印刷・株式会社光邦　製本・株式会社大進堂

ISBN978-4-10-128383-8 C0195